Entiende las

CBDC

El Dinero y la Blockchain.

Una visión crítica sobre la mayor revolución desde la invención de la imprenta, o la distopía que cambiará el mundo que hemos conocido hasta ahora.

Qué son, cómo funcionarán, repercusiones sociales, económicas y como modificará para siempre el sistema monetario que hemos conocido.

ISBN: 9788411740685

Copyright: © Martín Mendo Antunez, 2023

entiendelascbdc@proton.me

Impresión y editorial: BoD – Books on Demand
info@bod.com.es - www.bod.com.es
Impreso en Alemania – Printed in Germany

Dedicado a mi esposa Silvia y a mi hijo Xabier.

Abril 2023.

ÍNDICE.

Prologo.

Motivado por mi curiosidad profesional decidí aprender acerca del funcionamiento técnico de Bitcoin y su Blockchain. Entendida la base técnica, me tocó comprender los conceptos económicos y monetarios que se mencionan en el Whitepaper, o libro blanco que define Bitcoin, entonces descubrí lo que para mí era todo un nuevo mundo; la economía, las finanzas, el sistema monetario y bancario, que habitualmente pasa desapercibido para la mayoría de los ciudadanos comunes, entrando en un campo gris de desconocimiento, que no es casual, y cuya aparente complejidad disuade eficazmente a casi todos de aprender acerca de estos temas tan necesarios, que resulta sorprendente que no sean materia de enseñanza obligatoria en todos los niveles de la educación.

Desde entonces me inicié en una nueva afición, aprender qué es y cómo funciona el dinero, las finanzas, los bancos, entender la terminología financiera que hábilmente es usada por los medios de des-información, que mantienen a la población en la ignorancia sobre estos temas, y finalmente comprendí el nexo entre financieros, gobiernos y políticos de todos los colores y en todos los países del mundo.

Uno de los retos de este libro es como adaptar los contenidos que analiza para personas con diferente base de conocimiento. Una persona común que únicamente recibe información de los medios de des-información masivos con conocimientos muy básicos, sustentados por tópicos que nos han contado desde niños, que leen en la prensa o ven en la televisión, podría encontrar la exposición de este libro como bastante densa, difícil o incluso demasiado "alternativa".
Por el contrario, un lector con una base de conocimiento mayor, bien por gusto o por profesión, y conocedor de la terminología económico-financiera podría encontrar el libro demasiado básico y, en el intento de explicar conceptos complejos de una manera simple, quizás no del todo riguroso al tratar de explicar estos conceptos.

El autor pretende principalmente la divulgación del conocimiento básico que toda persona debería tener acerca del Dinero, las CBDC, el Sistema Monetario y la Economía del primer grupo mencionado; aunque espero que muchos lectores a medio camino entre ambos grupos descritos podrán encontrar en este texto un aliciente para seguir aprendiendo.

Es posible que encuentre en este libro algunas afirmaciones y conceptos tan diferentes de los que damos por sentado, tan chocantes y quizás tan anti intuitivos que se resistirá a creer que son ciertos.
Trataré de incluir alguna referencia llegado el caso, pero cuando encuentre una opinión subjetiva del autor, le animo a

profundizar en ello, y a buscar por usted mismo como ampliar su conocimiento en este campo.

El objetivo último de este libro es despertar su curiosidad para entender, no solo las nuevas divisas CBDC, sino el dinero, el funcionamiento del sistema monetario, las finanzas y la economía que mueven nuestro mundo, conocer el significado real de los términos que se usan, para lo cual podrá consultar el glosario al final del libro, y sobre todo animarle a seguir aprendiendo, para, entre otras cosas, educar a nuestros hijos en estos temas, ya que deliberadamente son omitidos en los programas educativos.

Adentrarme en el descubrimiento de ese mundo de las finanzas y la economía fue un sano revulsivo que cambió mi forma de ver el mundo.

Espero disfruten como yo descubriendo lo que habitualmente se oculta o se disfraza con un lenguaje de eufemismos y un argot solo para iniciados, cuyo objetivo es habitualmente disfrazar el significado real.

CAPITULO 2.
Introducción a las CBDC.
Qué son y por qué se están desarrollando.

Si ha empezado a leer este libro, probablemente ya habrá oído o leído algo acerca de las nuevas monedas digitales que preparan prácticamente todos los Bancos Centrales del mundo, algunas ya en fase de pruebas, y otras, como en China, Tonga y Nigeria, ya en servicio al momento de escribir este libro; Enero de 2023.

Estas nuevas *monedas* digitales son creadas a imagen y semejanza de las criptomonedas, pero emitidas y *respaldadas* por un Banco Central, con valor *"estable, seguras, y de curso legal"*.

CBDC es el acrónimo de Central Bank Digital Currency, o Divisa Digital de Banco Central.

Los conceptos de moneda y divisa son diferentes. La moneda es la unidad física y la divisa hace referencia a la unidad monetaria de cada país. Por ejemplo, un cambio de moneda es la compraventa, pongamos de euros, contra la moneda local del país que visitemos. Mientras que las operaciones que no implican movimiento físico de dinero en efectivo, como transferencias o cheques, se denominan cambio de divisas.

Las CBDC son en esencia divisas, porque representarán una versión digital del mismo dinero que usamos actualmente, pero en lugar de ser gestionadas por un servicio de pago de un banco o emisor de tarjetas, serán gestionadas directamente por el Banco Central o por las empresas privadas contratadas y debidamente autorizadas, a gestionar la infraestructura necesaria para su funcionamiento.

Por tanto, atendiendo a su uso, podríamos decir que las CBDC son un medio de pago.

Como decía al principio de este capítulo, las CBDC son creadas a imagen y semejanza de las criptomonedas, desde una aplicación en nuestro Teléfono, Tablet u Ordenador, comúnmente llamada Billetera, o Wallet en idioma inglés, podremos pagar con nuestros dispositivos móviles como ya podemos hacer hoy en día acercando nuestro teléfono inteligente a un lector NFC en la caja de un comercio, o a través de un código QR generado por el terminal del vendedor y que leerá nuestro teléfono, para aceptar el pago desde la pantalla de nuestro teléfono.

Aparte de la naturaleza electrónica y la analogía de usar una aplicación desde nuestro teléfono móvil con NFC o leyendo un código QR para autorizar el pago, aquí acaba todo parecido con las criptomonedas, ya que, para ser más claros, debemos dejar sentado, que, atendiendo a las propiedades esenciales de una criptomoneda como Bitcoin, que son; Descentralización, Emisión limitada o finita y Sistema no permisionado, las CBDC o Monedas Digitales de Banco Central son básicamente lo opuesto, la antítesis absoluta de una criptomoneda como por ejemplo Bitcoin.

Las CBDC serán Centralizadas, atendiendo a los intereses del emisor, estarán sujetas a un permiso de uso a través de una identidad digital, y su emisión no tendrá limite, al igual que el dinero físico, por tanto, su valor a lo largo del tiempo tenderá a cero. Analizaremos esta afirmación más adelante.

Veamos cuales son las razones que esgrimen los Bancos Centrales para la implantación de las CBDC, y luego analizaremos estas premisas punto por punto.

1. Mejorar la eficiencia: una CBDC podría proporcionar una forma más rápida y segura de realizar transacciones, lo que podría aumentar la eficiencia del sistema financiero, al eliminar la intermediación de Bancos o emisores de medios de pago.

2. Reducir el fraude: una CBDC podría reducir o eliminar completamente la posibilidad de fraude fiscal, u otros delitos, al eliminar la necesidad de dinero físico en efectivo, ya que este es anónimo, y las monedas CBDC no son anónimas.

3, Mayor accesibilidad: una CBDC podría proporcionar una forma de acceder a servicios financieros para aquellas personas que actualmente no tienen acceso a ellos, por no disponer de una cuenta bancaria.

4. Controlar la economía: Al tener un control *directo* sobre la oferta monetaria, los bancos centrales podrían usar la CBDC para controlar la economía.

5. Competir con las criptomonedas: Los gobiernos y los bancos centrales podrían querer emitir su propia moneda digital para competir con las criptomonedas y mantener el control sobre las divisas en circulación.

Analicemos las razones punto por punto:

1. Mejora de la eficiencia.

Los sistemas de pago electrónicos actuales tan comunes hoy, como tarjetas, dispositivos móviles e incluso relojes inteligentes, son tan sencillos y convenientes, que la primera pregunta que se harán los usuarios será ¿Qué ventaja me aportarán las CBDC sobre los sistemas electrónicos y tarjetas que ya uso?

No debemos olvidar que cada vez que pagamos con una tarjeta, siendo este un medio privado, y el más habitual en países desarrollados, también pagamos la comisión por el uso de ese medio de pago, que el Banco y el Emisor de la Tarjeta cargan a los vendedores, y que obviamente estos repercuten en el precio final a los clientes.

Por lo general, el porcentaje de comisión suele ser del entorno del 1 al 3% del valor de la transacción para las tarjetas de crédito y del 0,5 al 1% para las tarjetas de débito. Además de esta comisión, también pueden aplicarse cargos adicionales al vendedor, como cargos por transacción o cargos mensuales por el alquiler del terminal de venta.

Cuando en el futuro inmediato paguemos con CBDC, podríamos exigir al vendedor una rebaja en el precio al no usar medios de pago privados, puesto que ya no tendrían que pagar esos costos añadidos.

Es altamente probable que los Gobiernos, como un nuevo impuesto oculto, o el mismo Banco Central para financiar la infraestructura CBDC se quedarán con esos porcentajes.

Al fin y al cabo, el coste de la infraestructura necesaria para el funcionamiento de las CBDC no será desdeñable. Este coste, aunque sea ocultado, deberá ser cubierto de alguna manera por gasto público. Obviamente el negocio de Bancos y Emisores de Medios de Pago verá una competencia pública en este vector concreto del negocio bancario y tendrá unas consecuencias tan relevantes que necesitaremos analizar con detenimiento más adelante.

2. Eliminación absoluta del Fraude Fiscal asociado al comercio.

Es probable que, con algún pequeño incentivo temporal, o si es necesario con medidas coercitivas como la obligación de pagar todas las tasas, gravámenes e impuestos con moneda digital o directamente por imposición legal, los Gobiernos y el Banco Central nos empujarán a usar las CBDC.

Una vez en marcha, bastaría cargar un coste adicional a bancos y comercios por el uso de dinero físico, o restringir la accesibilidad al cambio de monedas y billetes, lo que provocaría un rechazo de los comerciantes y negocios a aceptar dinero físico, lo que en la práctica conduciría a la desaparición del circulante en las calles.

Aún sin necesidad, ni siquiera de prohibirlo, y llegados a este punto, prácticamente todas las transacciones se realizarán a través de CBDC y el Gobierno y el Banco Central, además de las entidades privadas autorizadas, tendrán una información completa y absoluta de todo el dinero que gastamos y recibimos.

Eludir el pago del IVA (VAT) y cuantos impuestos y tasas añadan a los actuales, será completamente imposible.

Piense que cuando demos la paga a nuestros hijos para que se compren chucherías o un helado, o recibamos cualquier ingreso, podría ser automáticamente descontado el IVA (Impuesto al Valor Añadido), el impuesto por Ganancia Patrimonial y probablemente el Impuesto de Donación vigente por ejemplo en España, para el caso de la paga, una donación, a nuestros hijos.

Con el dinero físico desaparecido prácticamente en la vida diaria, todos y también nuestros hijos menores necesitarán obligatoriamente algún dispositivo electrónico o tarjeta inteligente para comprar cualquier cosa.

3. Mayor Accesibilidad.

Según datos del Banco de la Reserva Federal de los Estados Unidos (FED), en 2019 el 7,1% de los hogares de los Estados Unidos no tenían acceso a una cuenta bancaria tradicional.
Sin embargo, ese porcentaje varía significativamente según la educación, ingresos, y grupo o étnico de las personas.

Por ejemplo, el porcentaje de hogares sin acceso a una cuenta bancaria tradicional es del 14,1% para los hogares de ingresos bajos.
Atendiendo al criterio de nivel educativo, el 12,7% no tienen cuenta bancaria en hogares de familias con una educación de escuela secundaria o menos.
Según grupo étnico, el 17,7% de los ciudadanos afroamericanos no dispone de ninguna cuenta bancaria.

El porcentaje de personas no bancarizadas y sin acceso a ningún servicio financiero puede variar significativamente entre países desarrollados o no, alcanzando incluso el 70% en países ahora denominados "emergentes", hablamos de miles de millones de personas en todo el mundo.

La premisa de facilitar a estas personas acceso a servicios financieros con CBDC parece sumamente dudosa.
Tengamos en cuenta que el primer requisito para poder disponer de dinero digital es contar con una Identificación Personal Electrónica. Identificación que muchos de esos países emergentes aún no tienen, y por supuesto algún

dispositivo electrónico y la infraestructura necesaria para estos dispositivos.

Así que probablemente todas esas personas que no cumplan con el primer requisito, Identidad Personal Digital quedaran automáticamente excluidas del nuevo sistema monetario.

Debemos prestar atención; una Identidad Personal Digital Universal será imprescindible, pues no será solamente su billetera CBDC, también su Documento de Identidad Nacional, su Pasaporte, su Identificación Sanitaria, su permiso para conducir vehículos, su certificado de Estudios Académicos o Profesionales, su tarjeta para el transporte público, y hasta el acceso a su puesto de trabajo, edificio de apartamentos y puede que hasta para acceder a su gimnasio.

Ahora piense en las consecuencias que podrían ocurrir si un gobierno arbitrariamente decide bloquear cualquiera de esas funciones o todas ellas, incluida su billetera CBDC. Los gobiernos autoritarios podrían hacerlo directamente, pero incluso los países democráticos tienen ya herramientas legales para, por ejemplo, en caso de un evento que pudiera afectar a la Seguridad Nacional, tomar cuantas medidas sean necesarias incluyendo requisas "temporales" de bienes.

Piense que ocurriría en caso de un error informático, una catástrofe, una guerra, o un evento de fuerza mayor, o simplemente un hackeo, o la suplantación de su Identidad Personal Digital.

4. Control de la Economía.

Los Bancos Centrales cuentan con el desproporcionado privilegio de controlar la economía, o más bien de intentarlo, pues todos constatamos que casi sin salir de una crisis, sucede la siguiente, y en cada una de ellas aumenta el control, la vigilancia y las restricciones económicas y de las libertades individuales y colectivas.

Resulta impactante escuchar a Christine Lagarde, a la fecha de hoy, la presidente del Banco Central Europeo abogar por una CBDC porque "será la única manera de contar con el *respaldo* de un Banco Central", cuando cualquier observador mínimamente instruido en historia o economía se dará cuenta que el manejo de la economía es desastroso desde que se implantaron los bancos Centrales, y muy especialmente desde que empezó la era del dinero "fíat" respaldado únicamente por la imposición del binomio: Gobierno + Banco Central.

Definición de dinero fíat:
Moneda que representa un valor que, intrínsecamente no tiene.
El dinero fíat es dinero que no tiene valor por sí mismo y que tampoco está respaldado por reservas de metales preciosos de su emisor, su valor existe porque la Ley dice que tiene ese valor.

Desde la suspensión "temporal" en 1971 por parte de Richard Nixon de la convertibilidad del dólar, como divisa de Reserva Mundial tras los acuerdos de Bretton Woods (1944) en oro, el dinero está respaldado básicamente por una imposición legal, empezando de modo definitivo, y no temporalmente, la era actual del dinero fíat.

La emisión de dinero no respaldada por oro desde 1971, ha ocasionado la pérdida de valor adquisitivo del dinero.
El dólar perdió más de 54 veces su valor desde 1971, y su devaluación nominal frente al oro en el mismo periodo de tiempo fue de 4.388%.

Referencia.
Historia de la pérdida de valor del dólar y cronología del oro.
Carlo Fabrizzio Garmendia Wilson. Universidad Católica de Santa María, Arequipa. Perú.
https://revistas.upc.edu.pe/index.php/economia/article/view/354

Para finalizar con este punto, debemos recordar siempre este concepto:
>> **Cuanto más dinero se emite, menos valor tiene.** <<

Para explicarlo usaré una parábola simplista que puede contar a sus hijos para que no sean engañados en el futuro acerca de las causas de la inflación.

Imaginemos que se acaba de inventar el dinero, y el Banco Central ha creado 100 Euros. Si en el mercado solamente existieran a la venta 100 latas de atún; es decir, solamente existen 100 euros y 100 latas de atún, nada más en venta y nada más que se pueda comprar, parece claro que el precio de cada lata de atún será de 1 Euro.
(100 Euros / 100 Latas de Atún = 1 Euro por lata)

Ahora, alguien, no elegido por los ciudadanos, desde su puesto en el Banco Central decide llevar a cabo una QE (*Quantitative* Easing*) y crea de la nada, por la potestad que le otorga la ley, 900 nuevos Euros.
Seguimos teniendo las mismas 100 latas de atún, pero la masa monetaria total es ahora de 1.000 Euros. El lector adivinará rápidamente que ahora cada lata de atún cuesta 10 Euros.
(1.000 Euros / 100 Latas de Atún = 10 Euros por lata)

El valor de las latas de atún no ha subido, siguen siendo las mismas 100 latas de atún, si ahora cuesta cada lata 10 euros, es porque el valor del dinero ha bajado, y es necesario más cantidad de dinero para comprar la misma lata de atún.

La Inflación no es la subida generalizada de los precios, es la pérdida de valor adquisitivo del dinero, y este efecto siempre es un evento monetario.
Recuerde esta definición, tratarán de engañarle cada día desde los medios de des-información, haciéndole creer que la inflación es fruto de "cuellos de botella" en las cadenas de suministro, de guerras iniciadas por algún dictador, el cambio climático, o la causa más peregrina que algún periodista pueda inventar.

La inflación es siempre un evento monetario, provocado por la emisión de dinero fíat, que no esté respaldada por un incremento en la producción de los bienes o servicios.

Ahora cuando el Banco Central decide crear nuevo dinero de la nada, proceso que los medios denominan eufemísticamente "Facilidad Cuantitativa" o *Quantitative Easing** en idioma inglés, lo hacen por varios métodos en los cuales no vamos a profundizar en este capítulo, lo haremos más adelante, por el momento explicado de una manera muy simple y nuevamente empleando la jerga financiera o de des-desinformación: Iniciado una "Inyección de Liquidez" es decir, prestando dinero a muy bajo interés a los Bancos Comerciales para que estos a su vez compren Deuda Pública a los gobiernos, y concedan créditos a empresas y particulares, por supuesto con un diferencial a su favor en esos intereses.

Empresas y particulares pagarán un interés mayor, que el interés de los créditos obtenidos inicialmente del Banco Central, de la diferencia entre el interés pagado al Banco

Central y los cobrados a gobiernos, empresas y clientes, los Bancos comerciales obtienen grandes beneficios con su intermediación financiera.

De esta manera indirecta, aunque hay varias formas más, consiguen inyectar nueva masa monetaria, que siempre crea un auge económico, y siempre con cierto decalaje temporal, cuando ese nuevo dinero llega a la circulación en la economía real de empresas y particulares es cuando finalmente aparece "inesperadamente" la inflación.

Con las CBDC la creación y puesta en circulación será directa, e inmediata, sorteando a los Bancos comerciales, y conociendo la trayectoria de los Bancos Centrales y la adicción de los gobiernos a gastar más de lo que ingresan. ¿Qué podríamos esperar? Una emisión aún mayor de dinero.

Cuando los ciudadanos desconocedores de las nociones más básicas de economía escucharon por televisión que el Banco Central Europeo o BCE había creado, para rescatar la economía durante la pandemia, una "Inyección de Liquidez" de 2,5 billones de euros, y que el BCE "compraba" cada mes 80.000 millones (nuevos millones creados de la nada) en bonos de deuda pública, bonos de Bancos respaldados por hipotecas y Bonos de Deuda de grandes corporaciones, casi nadie se preocupaba por la emisión desmedida de dinero.

Dinero creado de la nada, pero que tendremos que devolver con intereses, pagando con nuestros impuestos y con la inflación, que es el llamado Impuesto silencioso a los pobres.

Las CBDC solamente acelerarán el proceso de creación de nuevo dinero, y darán rienda suelta a los Bancos Centrales para emitir, o retirar, dinero de la circulación cuando deseen, de una manera directa e inmediata.

5. Competir con las criptomonedas

No hace falta ser muy sagaz para dase cuenta que, observando el desarrollo y adopción de algunas criptomonedas, especialmente Bitcoin, el empeño de emitir monedas electrónicas digitales de curso legal por parte de Gobiernos y Bancos Centrales, parece un burdo intento de imitar, combatir y frenar la adopción de algunas de estas criptomonedas.

Si las criptomonedas, mencionemos de nuevo expresamente a Bitcoin, y los "tokens*" representados por las criptomonedas denominadas "Stablecoins"* con paridad, o al menos con intención de una paridad 1:1 con monedas fíat, tuvieran una aceptación y adopción masiva por parte de empresas y particulares, los Bancos Centrales y los Gobiernos perderían el "desorbitado privilegio" de crear y controlar el dinero, y con ello controlar la economía.

Definición simple de Token*.

Un Token es como una ficha de casino, al entrar al casino pasamos por su caja y compramos con dinero real esas fichas, que dentro del casino representan dinero y son las usadas en las mesas de juego.
Si al salir, aún nos queda alguna ficha, podemos pasar nuevamente por caja, donde nos las cambiarán por dinero "real".

El problema podría ocurrir, si por alguna razón la caja del casino estuviera cerrada; entonces no podríamos cambiar las fichas por dinero real, y esas fichas fuera del Casino, no tienen ningún valor.

CAPITULO 3.
Entendiendo el Dinero.
Historia y Evolución del Sistema Monetario.

El dinero, aunque todos lo usamos desde niños, es una de esas cosas sobre las que pocas veces nos paramos a pensar.

Podremos encontrar varias definiciones, la más común es la siguiente:
Dinero es cualquier medio de intercambio que sea comúnmente aceptado por una sociedad para comprar y vender bienes y servicios. Si bien además de la primera propiedad esperada del dinero, *que sea comúnmente aceptado*, debe poseer algunas otras propiedades, siendo las más importantes, la de almacenamiento de valor, y la de unidad de cuenta, para poder medir, o cuantificar, el valor de los bienes y servicios.

La lista de propiedades que debemos esperar de un medio de intercambio para llamarlo dinero es la siguiente. El orden no necesariamente corresponde con su importancia.

1. Aceptabilidad: El dinero debe ser comúnmente aceptado como medio de pago para adquirir bienes y servicios.

2. Divisibilidad: El dinero debe poder dividirse fácilmente en fracciones más pequeñas para facilitar el cambio.

3. Intercambiabilidad: Los bienes y servicios pueden comprarse con el dinero, y estos pueden ser vendidos a cambio de dinero.

4. Unidad de Cuenta: Los billetes y las monedas deben tener un valor numérico, o nominal estandarizado que sirva para cuantificar el valor de los bienes y servicios.

5. Reserva de Valor: El dinero debe ser una reserva de valor a lo largo del tiempo.

6. Escasez: El dinero debe ser limitado para mantener su valor. Recordemos: **Cuanto más dinero se crea o emite, menos valor tiene.**

7. Portabilidad y Durabilidad: El dinero debe ser fácil de transportar y almacenar, y también debe ser resistente al desgaste y al deterioro.

8. Fungibilidad: Este concepto aplicado al dinero significa que cualquier unidad o fracción de dinero es indistinguible de otra del mismo valor nominal.
Por ejemplo, el valor de 5 monedas de 1 euro, es idéntico al de 1 Billete de 5 euros.

Hasta aquí hemos definido qué es el dinero y sus propiedades, aunque hay varias definiciones más, que veremos más adelante, vamos a repasar brevemente la historia del Dinero, para descubrir cómo, hemos llegado al dinero físico que todavía usamos.

Sin duda la primera forma de transacciones entre individuos de una sociedad fue el trueque, nuestros antepasados intercambiaban un bien que poseían por otro que quizás necesitaban, pongamos un ejemplo, imaginemos un neandertal muy hábil tallando anzuelos de hueso con los que pescar, pero algo torpe tallando puntas de flecha, si quería comer carne en vez de pescado, podía intercambiar algún anzuelo por alguna punta de flecha con el colega fabricante de puntas de flecha.

El problema es que el trabajo, la habilidad y la dificultad para encontrar las piedras adecuadas para hacer las puntas de flechas hace a estas más costosas que los anzuelos de hueso, llegar a un acuerdo haciendo trueques era tan poco práctico que seguramente nuestros neandertales descartaron rápidamente ese sistema, y muy probablemente empezaron a valorar sus bienes intercambiándolos por otros bienes especiales, fácilmente cuantificables, como cuentas de collares, que podían transportar fácilmente, o conchas de mar, siempre y cuando no hubiera muchas conchas marinas por allí.

La razón es obvia, en un sitio costero, las conchas de los animales marinos pueden ser tan abundantes y fáciles de encontrar que no poseen valor como medio de intercambio.
Con este ejemplo podemos apreciar que las cuentas de collar o las conchas (si son escasas en el lugar) poseen bastantes de las propiedades del dinero que hemos mencionado anteriormente.

Eran comúnmente *aceptadas* en el grupo neandertal porque eran fácilmente cuantificables, bastante duraderas, y fácilmente transportables.
Con el ejemplo de las conchas descubrimos que, si un bien es muy abundante y fácil de conseguir tiene poco valor, o más bien le asignamos poco valor, este concepto debe ser recordado cada vez que pensemos en el dinero, el valor y el precio de los bienes o servicios, son cosas muy diferentes.

En los días siguientes a terrible terremoto y tsunami que asoló Japón en 2011, se declaró una alerta por posible contaminación radiactiva del agua de red en Tokio.

Hasta que la alerta fue eliminada, los ciudadanos de Tokio podían comprar cualquier bien lujoso en las tiendas de Shibuya, pero no podían comprar agua embotellada ni pagando una gran cantidad de dinero, durante esas horas el valor del agua no podía pagarse con dinero.

Esto nos hará recapacitar sobre dos conceptos comúnmente parejos, pero muy diferentes; Valor y Precio.

Un bien puede cambiar rápidamente de precio si las circunstancias de disponibilidad (también llamada oferta) hacen que nuestra apreciación del valor cambie.

Si un bien necesario es muy escaso, este será apreciado y caro, por el contrario, si un bien, aunque siendo vital como el agua potable, es abundante, entonces tendrá un precio bajo.

Por tanto, la escasez es una propiedad esencial en el dinero.

Pasada la alarma de contaminación radiactiva y restaurado el suministro de agua embotellada, esta volvió rápidamente a su precio habitual.

Con el transcurrir del tiempo y la evolución tecnológica, nuestros antecesores descubrieron que el mejor dinero, atendiendo a las propiedades que hemos mencionado eran los metales, primero bronce, y pronto oro y plata.

Su precio rápidamente fue fijado en función de sus propiedades, en el caso de los metales, el más escaso y costoso de encontrar, el oro, fue el

que alcanzó el mayor valor precisamente por su escasez.

Si lo pensamos fríamente, el oro es valioso **únicamente por su escasez**, pues sus cualidades como metal pueden ser satisfechas por otros metales alternativos más abundantes y por tanto más baratos.

Para comerciar bienes de poco valor se podían emplear monedas de bronce, incluso plata, pero el oro era reservado para pagos mayores, si bien su peso y sobre todo la posibilidad de robo hacían arriesgado su transporte.

Aquí es donde los orfebres, primeros artesanos en procesar los metales preciosos, inventaron el siguiente sistema:

"Deja depositadas tus monedas de oro en mi bóveda segura, yo te entrego una nota en papel con mi firma y sello a modo de recibo o pagaré, que hoy llamaríamos un billete, y cuando quieras recuperarlas puedes traer el recibo o pagaré y te devolveré tus monedas de oro."

Por tanto, una nota de papel firmada y sellada por un orfebre representaba a todos los efectos el valor de las monedas aseguradas en la bóveda segura del orfebre.

Este es el concepto que llamamos *respaldo*, los pagarés (hoy billetes) estaban *respaldados* por el valor del oro depositado.

Dada la conveniencia y facilidad de transporte de los pagarés de los orfebres, los depositantes rara vez reclamaban de vuelta sus monedas, pues podían cubrir sus gastos intercambiando los pagarés en papel.

Esto fue percibido por los orfebres (que hoy llamaríamos banqueros) que muy pronto empezaron a crear más pagarés en papel que el oro real que custodiaban para sus clientes depositantes.

Lo cual obviamente les hizo muy ricos, además podían prestar dinero en forma de notas o pagarés, cobrando un interés, aunque realmente no tenían el respaldo real suficiente en relación de 1 a 1 con el oro físico almacenado en su bóveda.

Si algún depositante pedía de vuelta sus monedas, no había problema, pues los orfebres guardaban siempre una fracción de oro para estos casos.

El problema llegaba si por alguna circunstancia muchos de los depositantes acudían a la vez a cobrar sus pagarés en forma de monedas, para descubrir que el orfebre no disponía de todas las monedas ya que las había prestado a otros clientes, En aquellos tiempos el orfebre acaba ahorcado.

La feliz idea de emitir más pagarés o notas de papel que el oro que poseían se denomina Reserva Fraccionaria, este es el núcleo esencial del negocio de la banca actual, y analizado fríamente, es realmente un fraude, pues los banqueros obtienen beneficios prestando dinero que no es suyo, sino de sus clientes depositantes.
Sin embargo, la Reserva Fraccionaria no solo es completamente legal para un banco, sino que es la forma más habitual de crear nuevo dinero.

Como advertí en el prólogo el lector puede encontrar afirmaciones o conceptos a priori difíciles de creer debido a que permanecen ocultos al conocimiento de ciudadano común.

Aproximadamente entre el 95% y el 97% del dinero circulante actual es electrónico, y ha sido creado por los bancos comerciales, como deuda al conceder crédito.
Nuestro dinero actual es deuda, es creado como deuda, y en todo momento hay más deuda que dinero.
Solo del 3% al 5% restante estaría representado por monedas y billetes emitidos por el banco central correspondiente.

Referencia: Sistema de dinero | El dinero explicado.
https://youtube.com/watch?v=MTHgCyjgU7l&si=EnSIkalECMiOmarE
Canal de YouTube Moconomi: Sistema de dinero (2012)
Director: Michael Oswald
Guionistas: Mike Horwath, Michael Oswald

¿Cómo es esto posible? Pensará, bien expliquémoslo.

Nuestro dinero en un banco no es más que un apunte electrónico en una cuenta que el banco mantiene en una base datos de su sistema informático.

"Es básicamente un truco de contabilidad... Los bancos crean dinero. no lo prestan, cuando un banco otorga lo que se llama un préstamo, básicamente finge que el dinero es anotado... tiene que inventar el pasivo...así es como se crea la oferta monetaria." (Profesor Richard Werner)

El tomador del crédito "recibe" un nuevo dinero creado de la nada, como deuda que tendrá que devolver con intereses, una vez devuelto, esa deuda o pasivo desaparece, quedando únicamente el importe del interés pagado como nuevo dinero creado por el Banco.

Pero esto es solo el principio, aunque hemos mencionado el mecanismo de la Reserva Fraccionaria, vamos a observarlo con más atención.

La reserva fraccionaria es el sistema por el cual los bancos solamente conservan en depósito una pequeña parte del dinero de sus depositantes, presuponiendo que muchos de ellos no reclamarán su dinero al mismo tiempo.

Ello permite al banco poder prestar el dinero de sus depositantes a otros clientes en concepto de créditos o préstamos, pero manteniendo solamente una pequeña parte del capital de sus depositantes en esta reserva.

Desde el instante que un banco otorga un crédito, usando los depósitos de otros clientes, está duplicando la cantidad de dinero de ese préstamo, pues el tomador del crédito puede disponer de ese dinero, con la promesa de devolverlo más los intereses, pero el dinero prestado sigue estando también disponible para los depositantes.

Por tanto, este sistema de "Reserva Fraccionaria" crea un agregado monetario que incrementa la base monetaria, expandiendo la cantidad de dinero en circulación en la economía.
El lector se preguntará ¿Cuál es ese porcentaje de reserva que el banco Central Europeo obliga a mantener a los bancos?
A la fecha de escribir este libro es el 1%.

Fuente Banco de España:
https://www.bde.es/bde/es/areas/polimone/La-politica-monetaria-del-area-del-euro/tipos-de-interes-del-bce/que-es-el-coeficiente-de-caja-o-coeficiente-de-reservas.html

¿Qué es el coeficiente de caja o coeficiente de reservas?

El coeficiente de reservas o coeficiente de caja es un porcentaje fijado por el Banco Central Europeo (BCE) que se aplica sobre ciertas partidas del balance de las entidades de crédito para determinar las reservas mínimas obligatorias.
En el Eurosistema, el Banco Central Europeo (BCE) establece el coeficiente de caja. Hasta enero de 2012, las entidades de crédito de la zona del euro debían mantener en sus bancos centrales nacionales un coeficiente mínimo del 2% de

determinados pasivos, principalmente depósitos de clientes.
Desde entonces, este coeficiente se ha reducido al 1 %.

Es decir, de cada 1.000 euros de depósito de un cliente, los bancos conservan 10 como reserva y prestan 990 a otros clientes o bien son invertidos en la compra de algún activo con rentabilidad que se quedará el banco.
Ahora tenemos en circulación: 1.000 + 990 = 1.990 € a partir de un depósito de solo 1.000 €.

El tomador del crédito usa ese dinero, compra algo, y ese dinero es ingresado en la cuenta de otra persona o empresa en otro banco, o incluso el mismo banco.
El segundo Banco, o el mismo, con ese "nuevo" depósito de 990 euros, guarda el 1%, es decir 9,9 euros (Usemos redondeo de los decimales para hacerlo más fácil), y esto le permite prestar 980 euros restantes a un segundo cliente.
Ahora tenemos: 1.000 euros del depósito inicial + 990 del segundo cliente + 980 del tercer cliente, es decir tenemos un total de 2.970 Euros circulantes respaldados por un depósito inicial de solo 1.000 €.
Este efecto se denomina Factor Multiplicador Monetario.

Imagine que el proceso se repite unas cuantas veces más, de nuevo redondearemos los porcentajes para facilitar la compresión: 1.000 + 990 + 980 + 970 + 960 + 950; en solo 5 iteraciones de la Reserva Fraccionaria bancaria, tenemos en circulación unos 5.850 € respaldados únicamente por 1.000 euros reales del primer deposito.

De esta manera los Bancos comerciales expanden la base monetaria, de forma casi geométrica o exponencial, cuantas más iteraciones se produzcan, y no hay ningún límite preestablecido, mayor crecimiento de la base monetaria se crea.

Pero este es solo el principio, los Bancos Centrales tienen la mágica potestad, o el desorbitado privilegio de crear dinero de la nada.
Ellos pueden emitir billetes, que apenas costará unos céntimos fabricar, ingresando la cantidad nominal del billete menos el coste de emitirlo, a ese porcentaje de beneficio, salido de la nada, se le denomina "Señoreaje"

Referencia Banco Central Europeo.
¿Qué es el señoreaje?
https://www.ecb.europa.eu/ecb/educational/explainers/tell-me/html/seigniorage.es.html

Pero hay más; aunque en términos **cuantitativos** los mayores creadores de dinero son los bancos Comerciales, el emisor primario del dinero es el Banco Central, en el Eurosistema, el BCE o Banco Central Europeo, que crea y pone en circulación cuanto nuevo dinero decida conveniente de varias maneras más.

Una de ellas es "comprando" Bonos Corporativos*, a grandes Corporaciones, o a la Banca, sus bonos respaldados por hipotecas, con dinero que no tiene, pero que puede inventar "ad hoc", es decir, para eso, denotando el calificativo real del dinero que usamos como: dinero fíat, del latín: "hágase" ya anteriormente mencionado: "Dinero que representa un valor que intrínsecamente no tiene, y que tampoco está respaldado por reservas de metales preciosos de su emisor, solamente por imposición legal"

Y aún más: El BCE compra Deuda Pública de algunos de los estados miembros especialmente aquellos con déficit crónico y estructural, como Portugal, España, Francia, Italia, Grecia, con dinero, que, de nuevo, no tiene y crea de la nada a tal efecto.

Debe conocer el lector que al artículo 123, apartado 1 del Tratado de la Unión Europea, **prohíbe expresamente** la subvención o compra de deuda pública por parte del BCE. *Tratado de la Unión Europea. Articulo 123.*

1. Queda prohibida la autorización de descubiertos o la concesión de cualquier otro tipo de créditos por el Banco Central Europeo y por los bancos centrales de los Estados miembros, denominados en lo sucesivo bancos centrales nacionales, *en favor de instituciones, órganos u organismos de la Unión, Gobiernos centrales, autoridades regionales o locales u otras autoridades públicas, organismos de Derecho público o empresas públicas de los Estados miembros, así como la adquisición directa a los mismos de instrumentos de deuda por el Banco Central Europeo o los bancos centrales nacionales.*

Creo que la redacción del artículo es tan diáfana y clara, que no puede dar lugar a otra interpretación.
De igual modo pensaba el Tribunal Constitucional Alemán cuando en Agosto de 2017 planteó un contencioso ante el Tribunal de Justicia de la Unión Europa, debido a que, las partidas de financiación y compra de Deuda Pública de Grecia estaban contraviniendo el articulo 123.1 del Tratado de la Unión.

Sin embargo, como dice el refranero popular: "hecha la ley, hecha la trampa."

El Tribunal de Justicia de la Unión Europea, dictaminó sentencia:

*"El programa de compra de valores de deuda pública en mercados secundarios por el Banco Central Europeo **no** es contrario al Derecho de la Unión (STJUE de 11 de diciembre del 2018)"*

Referencia:
El-programa-de-compra-de-valores-de-deuda-pública-en-mercados-secundarios.pdf (ga-p.com)

La compra de Deuda pública de estados miembros no viola el tratado de la Unión Europea, si el BCE compra valores de Deuda pública en el **mercado secundario.**
Está prohibido hacerlo directamente, pero sí está permitido en el mercado secundario.

El lector se preguntará; ¿Qué es el Mercado Secundario*?
¿Qué diferencia hay?
A la primera pregunta podemos contestar en términos simples, como una Subasta Pública de Valores o Bonos de Deuda, en la no participa el emisor del activo, sino otros participantes, como inversores e instituciones financieras, *como intermediarias*, que bajo el criterio de oferta y demanda acuden a la subasta y pueden adquirir esos bonos de Deuda Pública emitidos por los Estados.
Explicado llanamente el BCE no puede comprar Deuda Pública de ningún estado miembro directamente, debe hacerlo en mercado secundario a un intermediario, que serán los bancos comerciales, que a su vez revenden, con cierto beneficio y ningún esfuerzo, al BCE los bonos de deuda que acaban de comprar. A este tipo de intermediación y al arbitraje entre mercados, los empleados de los bancos lo llaman "dinero gratis"

La respuesta a la segunda pregunta, ¿Cuál es la diferencia? Prácticamente ninguna.

Dado que inversores y otras entidades financieras rara vez desean adquirir deuda pública de los países del sur, o lo hacen en pequeñas cantidades, la mayor parte y habitualmente toda la Deuda Pública emitida por países como España, o Italia es adquirida "en subasta" o mercado secundario por el BCE, en opinión de este autor, contraviniendo el artículo 123. Apto. 1 del Tratado de la Unión Europea.

Pese a que el Tribunal de Justicia de la Unión sentenció que no viola el artículo 123.1

Con esta trampa legal el BCE financia el déficit estructural de los países del sur, dando alas a los políticos de estos países a seguir aumentando el déficit, hasta que lleguemos al punto de no poder pagar ni siquiera los intereses de esa deuda, pues alcanza ya un valor que la hace impagable.

Muchos economistas describen la situación como, "continuar dando patadas a la lata, y ya veremos en el futuro."

Otro modo de crear dinero por parte de los Bancos Centrales es concediendo crédito a los Bancos Comerciales, lo normal es que el Banco Central aplique un interés moderado a los bancos, según las tasas de interés que ellos mismos fijan, y los Bancos cargarán un interés mayor a sus clientes, obteniendo en esa diferencia un beneficio.

Por tanto, el dinero, nuevamente, es creado como deuda; deuda que deberá ser pagada, pero como siempre hay más deuda que dinero, para pagar los intereses de ese nuevo dinero, habrá que crear más dinero, lo que a su vez creará más deuda. Esta es la razón última de por qué nuestro sistema monetario es inherentemente inestable e insostenible, y es considerado por muchos como un fraude denominado Esquema Ponzi*, o fraude piramidal.

Y un esquema Ponzi no tiene solución, hasta que colapsa.

Sin embargo, durante la última década, el BCE ha estado prestando dinero a *interés negativo*, esto explicado de la manera más simple es una aberración económica y lógica, pues las tasas de interés que marcan los bancos centrales son el precio del dinero.

Es una aberración que un banco comercial pida un crédito al banco central y este tenga que devolver una cantidad menor que la que pidió, es decir está cobrando por pedir dinero prestado.

Además, el banco central ha estado cobrando a los bancos comerciales por mantener sus depósitos en el propio Banco Central, en un intento de animar a los Bancos comerciales a que prestaran esos fondos para mejorar la economía, cosa que nunca ocurrió.

Esta situación anómala y aberrante la hemos estado sufriendo en Europa durante los últimos años, y debido a las consecuencias que ha generado, como la crisis de inflación desbocada que soporta Europa en 2022 y 2023, durante la redacción de este libro. Finalmente, el periodo de interés negativo ha terminado con una subida abrupta de las tasas de interés que marca el Banco Central Europeo.

Al elevar las tasas de interés, esto hace contraer el crédito, pues los créditos e hipotecas elevan el interés que los solicitantes deben pagar, generando una reducción o contracción del número de créditos, lo que a su vez reduce la cantidad de dinero en circulación, provocando con toda seguridad un hundimiento del consumo, encarecimiento de las hipotecas y una recesión asegurada.

Reduciendo la demanda de bienes y servicios por la crisis generada, los precios deberían remitir.
De todas formas, es muy conocido un dicho popular sobre la inflación que dice:
"La inflación es como la pasta de dientes, es fácil sacarla del tubo, pero intenta meterla de nuevo."

Recapitulemos Conceptos:

La inflación es la pérdida de valor adquisitivo del dinero, provocada por la emisión de nuevo dinero.

Cuanto más dinero se emite o crea, menos valor tiene, por eso es necesario más dinero para adquirir los mismos bienes o servicios.

La subida de los precios es un síntoma de la Inflación, no su causa, la causa de la inflación es siempre un evento monetario.

La inflación no es un hecho puntual, es una característica permanente, premeditada e intrínseca del dinero fíat y es generada y controlada por el emisor de la moneda.

El dinero que conocemos como el Euro, el Dólar, la Libra etc., es dinero fíat, que no está respaldado por metales preciosos, simplemente tiene valor por imposición legal en los ámbitos geográficos respectivos.

El dinero es creado como deuda, por tanto, el dinero "fíat" es deuda.

Siempre y en todo momento hay más deuda que dinero, puesto que todo el dinero emitido es creado como deuda con unos intereses asociados a devolver al emisor.

Formas del Dinero.

El dinero puede adoptar muchas formas. Pero las más comunes son: efectivo como monedas y billetes, cheques, tarjetas de crédito/débito, transferencias bancarias y monederos electrónicos, pagarés, bonos corporativos o de Deuda Pública. Todos ellos representan diferentes formas del dinero.

Note el lector, que salvo el efectivo en monedas y billetes la lista anterior menciona otras que no son necesariamente emitidas por el Banco Central, y todas ellas son una representación de dinero en forma de registro de una promesa u obligación de pago como un cheque, un bono, o un certificado emitido por el Tesoro o Administración Pública de un estado, o bien la llave u objeto físico, como una tarjeta de crédito o débito que permite acceder o disponer del dinero depositado en una cuenta bancaria, mediante una clave secreta, pero en esencia todas ellas no son más que registros escritos físicos o electrónicos.

Como comenté anteriormente la mayor parte del dinero en circulación ha sido creado mediante la emisión de la banca comercial en forma de crédito, y únicamente existe como un registro electrónico en la base de datos de los Bancos.

Solamente en países con gran cantidad de población no bancarizada como India, el circulante en efectivo es mayor que el "depositado" en registros bancarios, si bien el proceso de transición de dinero físico en efectivo a electrónico está desarrollándose aceleradamente.

Proceso que llevará a la India a pasar directamente a las CBDC gracias al gigantesco programa de identificación electrónica y biométrica que el gobierno Hindú ha llevado a cabo, así como las medidas coercitivas brutales como eliminar los billetes de mayor denominación y los más usados por las personas pobres para guardar sus ahorros empujándolos a abrir cuentas bancarias.

En la noche del 8 de noviembre de 2016, la televisión hindú hizo un anuncio sorpresa. En una comparecencia en directo, el primer ministro, Narendra Modi, declaró que los dos billetes de más valor en el mercado (de 1.000 y el de 500 rupias) se retirarían inmediatamente de la circulación. El plan de desmonetización, como lo llamó la prensa, había sido planeado en secreto y anunciado de buenas a primeras, como el golpe maestro de Modi contra el dinero negro.

La consecuencia inmediata, el caos. La gente corrió a los bancos y a los cajeros automáticos para cambiar los antiguos billetes y retirar la nueva moneda. Las colas en los bancos crecieron, muchas personas sufrieron, especialmente los pobres, que no tenían acceso a tarjetas de crédito o billeteras móviles y se denunciaron decenas de muertos por la crisis.

El programa del gobierno Hindú llamado Aadhaar fue lanzado en 2009 con el objetivo de proporcionar un número único de identificación a todos los ciudadanos de la India y facilitar el acceso a servicios gubernamentales y financieros.

Aadhaar es un sistema de verificación de identidad en línea que utiliza tecnología de reconocimiento de huellas dactilares de iris y reconocimiento facial para verificar la identidad de una persona.

Los ciudadanos Hindúes deben registrarse para obtener un número Aadhaar y luego utilizarlo para acceder a una variedad de servicios, como la asistencia financiera, los servicios de salud y el acceso a programas de seguridad social.

Además de proporcionar acceso a servicios gubernamentales y financieros, Aadhaar también ha ayudado a reducir la corrupción al reducir la necesidad de documentos físicos y reducir la duplicidad en la asistencia financiera y otros programas gubernamentales.

Obviamente es el paso previo imprescindible para poner en marcha la CBDC e-Rupia.

Nótese la importancia de esta identificación electrónica para múltiples ámbitos que permitirá el control absoluto de gobierno de sus ciudadanos, sin desdeñar tampoco las ventajas prácticas que aporta en un país de 1.400 millones de habitantes.

En los países que habitualmente denominamos desarrollados el uso de efectivo es muy bajo, casi inexistente, por ejemplo, en los países nórdicos, donde pagar con dinero físico cada vez resulta más difícil puesto que los negocios y comercios prefieren la conveniencia de los medios de pago electrónicos.

Todos asociamos el dinero con monedas o billetes, pero casi todo el dinero existente es un registro electrónico.

Es realmente sorprendente como una abstracción social que llamamos dinero es considerada algo real solamente porque en su forma menos usada, el efectivo, aun lo podemos tocar y contar.

He oído en muchas ocasiones a personas muy reacias a considerar el valor de poseer Bitcoin, aduciendo que no es tangible, es electrónico, "virtual" y que por tanto no es real, aunque no son conscientes aún que su dinero en el banco es exactamente un registro electrónico, y más virtual aun que el propio Bitcoin, dado que ese registro es mantenido por el sistema informático privado de un Banco.

Existe una forma curiosa de Dinero, en la isla de Yap.
En Micronesia, Océano Pacifico, se usaban grandes discos de piedra como registro monetario.
Estos discos, conocidos como "Rai Stones", eran tallados a mano de una roca caliza específica que sólo se encuentra en una pequeña isla cercana, no en la propia Isla de Yap.
Los Rai Stones eran muy grandes y pesados, algunos de ellos medían más de 3 metros de diámetro y pesaban más de 4 toneladas.
Los Rai Stones eran utilizados como medio de intercambio para transacciones económicas importantes, tales como el matrimonio o la adopción.
Una vez que un Rai Stone era utilizado en una transacción, su propiedad se transfería al nuevo dueño.
Todos los habitantes de la isla conocían esa transacción, y por tanto reconocían la nueva propiedad de un Ray Stone asociándolo a su nuevo dueño. Aunque el disco físico permanecía en su lugar original.
Esto se debía a que eran muy grandes y pesados para moverlos con facilidad, o ser robados.

Los Rai Stones eran considerados valiosos no solo por su tamaño y peso, sino también por la historia y la reputación de su procedencia.

Los Rai Stones son básicamente un registro monetario de una gran transacción, pero de conocimiento y aceptación públicos por todos los habitantes de la isla.

Podemos pensar en la definición de dinero como registro cuantificable del valor que nuestro trabajo ha aportado a la sociedad, o del valor que agricultores, pescadores, ganaderos, empresas de manufactura o de servicios han aportado a la sociedad.

Particularmente me gusta esta definición de Dinero, de igual manera que me produce un rechazo natural el dinero, creado de la nada, como deuda con intereses asociados y a devolver, emitido por opacas instituciones, que ni siquiera han sido elegidas democráticamente como los Bancos Centrales.

Entender el Dinero como un registro sigue creado cierto rechazo en muchas personas, pues asociamos casi inconscientemente el dinero con su forma física, y les incomoda pensar que solamente es un registro que se puede perder, borrar o alterar fácilmente.

Veamos un ejemplo impactante para tratar de asimilar que probablemente la mejor definición de dinero es, un registro.

A raíz del conflicto armado entre Rusia y Ucrania, iniciado en febrero de 2022, los Estados Unidos usando su control sobre el sistema financiero y monetario occidental promovió, primero la congelación o bloqueo de los depósitos bancarios Estatales de Rusia en todo el mundo occidental, (donde debemos incluir también a Japón) e inmediatamente los depósitos bancarios de todas las empresas Rusas así como de ciudadanos Rusos de una forma arbitraria, pues muchos Rusos estarán sin duda en contra de tal guerra.

La mayoría de los Bancos Rusos fueron bloqueados y excluidos del sistema de interconexión bancaria llamado SWIFT*, lo que en la práctica supone un aislamiento de todo el sistema bancario Ruso, al menos con los Bancos Occidentales.

El importe de dinero congelado, aunque sería más correcto decir incautado, a Rusia alcanza unos 300 mil millones de dólares en diferentes Bancos y en diferentes Países occidentales.

Sin entrar a valorar de modo alguno este acto, ni mencionar las repercusiones para lo cual necesitaríamos otro libro, podemos darnos cuenta que Rusia durante las últimas décadas ha exportado sus valiosas materias primas en cantidades inmensas a todo el mundo, no solo petróleo y gas natural, también cereales, fertilizantes, metales como aluminio, paladio, oro, uranio, la lista podría ser mucho más larga, recibiendo a cambio esos miles de millones de dólares, que fueron "depositados" como Dólares y Euros en Bancos Occidentales, entre comillas porque depositados realmente significa registrados en unos apuntes contables, simples números en el sistema informático de unos pocos bancos.

Podemos entender el valor real del esfuerzo y trabajo de extraer, preprocesar y distribuir esa enorme cantidad de materias primas, y estas han sido pagadas con unos números en un sistema informático.

Cuando nos damos cuenta que el dinero es principalmente un registro, comprendemos lo vulnerable que es, y lo fácil que resultará bloquear o requisar su dinero de la aplicación CBDC que nos impondrán.

Si posees billetes o monedas, eres su dueño, y aunque podrían ser incautados no sería tan fácil, siempre podrías resguardar o esconder tu dinero físico.

Cuando tu dinero es contabilizado como un número en un sistema informático gestionado por un banco, o en una CBDC, gestionada por el Banco Central y el gobierno, este ya no está tu poder, y por tanto no eres su dueño, solamente cuentas con permiso para poder usarlo, y ese permiso puede ser condicionado o revocado en cualquier momento.

Note que este mismo principio puede aplicarse a una Identidad Digital, cuando los datos de su identidad son electrónicos, estos podrían ser alterados o eliminados sin que usted pudiera hacer nada al respecto.

Este argumento ha sido usado en novelas y el cine para describir mundos distópicos, donde el gobierno podría hacer desaparecer a cualquier individuo que resulte rebelde.

CAPITULO 4.
Diferencias con las Criptomonedas como Bitcoin.

Como mencionaba en el análisis de las "razones" expuestas por Bancos Centrales y Gobiernos, las CBDC son la antítesis de una criptomoneda como Bitcoin.
Ahondemos en el tema, ya tenemos claros varios conceptos, las monedas fíat, como todas las actuales, no están respaldadas en nada más que una imposición legal y la confianza que asumimos en que la autoridad estatal podrá ejercer la fuerza que sea necesaria para mantener esa imposición.

Veamos una lista rápida de las diferencias y luego las analizaremos:

1 a/b. Emisor/Emisión: Una moneda CBDC es emitida por un banco central, mientras que Bitcoin es descentralizado y sin un emisor central.

2. Regulación: Una moneda CBDC está regulada por el gobierno, mientras que Bitcoin no está regulado por las leyes, solamente por su protocolo interno publicado en su Libro Blanco.

3. Privacidad: Las transacciones de CBDC serán monitorizadas por el banco central y, o, el gobierno, mientras que las transacciones de Bitcoin son pseudónimas.

4. Procesamiento: Las transacciones de CBDC pueden ser más rápidas que las de Bitcoin debido a la centralización.

5. Volatilidad: La volatilidad de las monedas CBDC puede ser menor que la de Bitcoin debido a la regulación.

6. Sistema Permisionado: Las monedas CBDC deberán identificar al usuario o empresa y podrán tener restricciones en su uso, mientras que Bitcoin es no permisionado y puede ser utilizado libremente.

7. Adopción: La adopción de CBDC será impuesta por el gobierno y los bancos centrales, mientras que la adopción de Bitcoin es totalmente voluntaria y está impulsada por la comunidad de sus usuarios.

Entremos en el análisis de las diferencias.

1a. Emisor.
Como hemos visto anteriormente las divisas fíat son emitidas por los Bancos Centrales, aunque la masa monetaria es mayoritariamente creada por los bancos comerciales con la creación de crédito.
Si los emisores, los bancos centrales, son interdependientes, que no independientes, de los gobiernos, los criterios de emisión y la fijación de las tasas de interés que definen el precio del crédito y controlan efectivamente el suministro de dinero, serán fijados inequívocamente para satisfacer los deseos de gobiernos y bancos, y no en función de los intereses sociales o el bien común de la sociedad, pensar otra cosa sería pecar de ingenuidad.

Bitcoin es emitido según un protocolo públicamente conocido, pre-establecido y de modo descentralizado, que es aceptado de facto por todos sus usuarios.

Nadie, individuo, empresa o entidad tiene la potestad de alterar en su beneficio los criterios de emisión, que es predecible en el futuro y conocida públicamente, y su uso es voluntario y no permisionado.

1b. Emisión.

Debemos tener muy claro que la emisión de nuevo dinero es un hecho permanente, intrínseco al modelo monetario fíat, donde hace falta crear más dinero para poder pagar los intereses del dinero emitido anteriormente.

Además, la tentación de fabricar más dinero para pagar gastos es absolutamente ineludible.

Prácticamente todos los gobiernos del mundo desean el poder de emitir o controlar la emisión de dinero, lo que conforma el núcleo y corazón mismo de la corrupción política.

En realidad, todos los gobiernos del mundo gastan constantemente más de lo que ingresan, y disfrazan una parte de ese dinero como dedicado a fines sociales con los que justifican la creación de nuevo dinero.

Y el punto resultante es; cuanto más dinero se emite, menos valor tiene, porque este nuevo dinero diluye o reduce el valor del dinero emitido anteriormente, generando inflación.

Milton Friedman:
«La inflación es siempre y en todas partes un fenómeno monetario en el sentido de que solo es y puede ser producida por un incremento más rápido de la cantidad de dinero que de la producción.»

Si la emisión de dinero no tiene límite, en matemáticas diríamos que tiene a infinito, entonces su valor tiende a cero.

Este paradigma se ha repetido constantemente en la historia. Todas, absolutamente todas las monedas fíat, no respaldadas por un activo o bien físicamente escaso como el oro, han fracasado, y las actuales no serán una excepción.

Cuando una moneda fíat colapsa debido a la pérdida de valor por emisión sin límite se genera una terrible crisis, entonces el poder político crea un "nueva" moneda, con nueva apariencia y valores nominales más bajos, para aparentar más valor, obligando a cambiar la vieja moneda por la nueva con una perdida asociada en el cambio.

Tras el final de la segunda guerra mundial, se creó el nuevo Marco Alemán, o Deutsche Mark (DM) que fue reestablecido por las autoridades de la Alemania ocupada por los aliados, en una tasa de cambio de 1 DM por 10 Reichsmark antiguos. Esta "generosa" tasa de cambio fue aplicada para estabilizar la economía alemana y eliminar la hiperinflación que había afectado al país durante la guerra, por la emisión continua del gobierno de Hitler para financiar el esfuerzo de guerra.

Tristemente la historia del dinero fíat siempre ha estado asociada a la guerra. En la antigüedad los gastos militares se financiaban con monedas de oro, cuando se acababa el oro, se acababa la guerra, sin embargo, una emisión de dinero fíat sin límite permite financiar igualmente sin límite los gastos de una guerra, además las guerras son siempre usadas como pretexto para justificar la emisión desmedida.

Todo este repaso histórico nos muestra que la principal diferencia del dinero fíat con Bitcoin, es que al tener Bitcoin una emisión finita y limitada a 21 millones de unidades, como su primera cualidad, establece una diferencia absoluta con las monedas fíat.

El valor de una moneda podría mantenerse estable si fuera emitida exactamente al mismo ritmo de crecimiento de la economía real, el crecimiento de las materias primas, los bienes elaborados y los servicios, pero cuantificar la actividad económica resulta una tarea casi imposible dado el carácter caótico de todas las interacciones que conforman la activad económica.

La emisión de nuevas unidades Bitcoin se reduce a la mitad aproximadamente cada cuatro años, por lo que podríamos aplicar la regla inversa al dinero fíat, si este tiende a infinito, su valor tenderá a cero; por el contrario, si la emisión de nuevo Bitcoin tiene a cero, momento que llegará aproximadamente en el año 2.140, el valor de Bitcoin crecerá, tendiendo a infinito.

Este paradigma puede resultar tan chocante que muchos escépticos se niegan a aceptar, debido a que pensamos como algo natural que el dinero va perdiendo valor con el tiempo.

Hay partidarios de volver al sistema monetario anclado o respaldado por oro, al ser este un bien escaso cuya ratio promedio histórico entre el nuevo oro extraído anualmente, en relación al oro existente, está aproximadamente entre el 1,5% y el 2%. Esto hace que, por ejemplo, una toga romana, reservada a hombres libres, patricios y nobles en la antigua Roma costaba el equivalente a una onza de oro, unos 31,1 gramos de oro.

Al momento de escribir este libro, la onza de oro cotiza muy próxima a los 1.900 dólares estadounidenses, el precio por el que podríamos adquirir un buen traje a medida hoy en día.

Lo que viene argumentar que el oro mantiene su valor, y muestra claramente la pérdida de valor del dinero fíat.

Recuerde el lector, el dato ya mencionado, cuando Richard Nixon, en 1971 suspendió "temporalmente" la convertibilidad de dólares en oro, el precio era 35 dólares por onza, y hoy en día se acerca a los 1.900 dólares.

Esto representa una pérdida de valor del 98%, en poco más de 50 años, siguiendo la tendencia que hemos descrito, el valor del dólar como moneda fíat, aun siendo la divisa más estable, tiende a cero, pues no existe límite de emisión.

A los responsables de la dirección de los Bancos Centrales en la mayoría de los idiomas se les denomina Gobernadores de Banco Central, en un intento de dotar con un halo de autoridad pública a unos cargos y unas entidades que realmente no rinden cuentas ante el gobierno, ni tampoco ante los parlamentos de los países, en la mayoría de los cuales el sistema para el nombramiento de sus cargos permanece convenientemente confuso o en todo caso es poco conocido.

El Banco Central más importante del Mundo es la Reserva Federal de los Estados Unidos, pero este es en realidad es un cártel* bancario compuesto por 13 Bancos privados, que se denominan Reservas Federales Regionales.

El Sistema de la Reserva Federal está compuesto por doce bancos regionales de diferentes distritos geográficos de los Estados Unidos, y un Banco Central que se encuentra en Washington D.C.

Cada banco regional tiene su propio directorio, y el presidente de cada banco regional es nombrado por el Banco de la Reserva de su distrito, que es aprobado por el consejo de Gobernadores de la Reserva Federal.

Los Gobernadores del consejo y el propio presidente de la Reserva Federal son nombrados por el presidente y confirmados por el Senado.

Hasta aquí parecería ser una institución democrática, ya que sus cargos son nombrados por el presidente de Estados Unidos y confirmandos por el senado; pero como casi siempre, el diablo está en los detalles, y el "pequeño detalle" es que los miembros y el gobernador del banco central son designados previamente por la propia FED.

Los nominados para presidente y vicepresidente pueden ser elegidos por el presidente de los Estados Unidos de entre los gobernadores de las Reservas Federales Regionales en el cargo por un mandato de cuatro años. *(Banking Act of 1935)*.
Dicha nominación también debe ser confirmada por el Senado posteriormente.
Es decir, no es el presidente ni el senado el que designa a los miembros, estos son designados internamente por la FED y propuestos al presidente y senado para su aprobación.

Como la Reserva Federal no tiene accionistas como una empresa tradicional, está financiada por las ganancias obtenidas de sus operaciones.
Los bancos regionales de la Reserva Federal, sin embargo, si son propiedad de las instituciones bancarias de su distrito y estos bancos son los accionistas de los bancos regionales.

Sin embargo, los bancos no pueden controlar las decisiones de la Reserva Federal Central y los beneficios económicos de los bancos regionales son retenidos por la Reserva Federal en lugar de distribuirse a los accionistas.

Probablemente coincidirá el lector con la opinión de este autor, que toda la estructura que maneja el sistema monetario y bancario de los Estados Unidos parece un galimatías difícil de entender, y sospecho que esto no es casual en absoluto.

Por su nombre, la Reserva Federal podría pasar por un organismo público, pero no lo es, es un cártel de Bancos Privados que tienen sus accionistas y la propiedad privada de estas "Reservas Regionales" pertenece a las entidades bancarias más grandes de los Estado Unidos, aunque esto resulta totalmente opaco para los ciudadanos.

Tampoco es Reserva, puesto que no custodia nada tangible, esa es la función del Tesoro de los Estados Unidos, ni es Federal, puesto que no es un organismo público.

Sus Gobernadores no son otra cosa que ejecutivos elegidos por los accionistas de los bancos regionales que la componen.

Por definición, una empresa privada ejerce su actividad económica o comercial en busca del lucro, o las ganancias para sus propietarios o accionistas, por tanto, parecería ingenuo esperar que la Reserva Federal tome sus decisiones pensando en el bien público, en lugar de sus propios intereses.

2. Regulación

A pesar de que los gobiernos repiten que las regulaciones de todo tipo son por nuestro bien, y siempre para proteger al ciudadano, la verdad es que no son más que la aplicación disfrazada de la fuerza del Estado sobre los ciudadanos para mantener el control.

Las regulaciones económicas y financieras son creadas para proteger los intereses de grandes empresas y más específicamente el sector bancario y financiero.

Los gobiernos y legisladores emplean las llamadas puertas giratorias para acceder a cargos políticos o funcionariado de alto nivel, de designación política, desde donde legislan y regulan con el principal objetivo de beneficiar a la banca y controlar a los ciudadanos.

Utilizando instituciones públicas que supuestamente supervisan la actividad bancaria, financiera, y de la competencia.

Terminada su etapa de "servicio" publico, la mayoría de ellos vuelven a usar las puertas giratorias para regresar al mundo de la empresa ocupando altos cargos, bien remunerados.

Las CBDC serán el instrumento perfecto para el control y la imposición de las restricciones que deseen imponer, siempre para "protegernos" y bajo el estricto cumplimiento de las leyes; leyes que si es necesario se crearán o modificaran a tal efecto.

Bitcoin es un sistema no permisionado, no se necesita ningún permiso para crear una billetera, enviar o recibir bitcoin.

Las transacciones con Bitcoin son irreversibles, a diferencia de las transacciones con tarjetas de crédito y de las transferencias bancarias, y son incensurables, de carácter mundial, independientemente de gobiernos, estados o fronteras.

3. Privacidad:

"El Euro Digital nunca será programable"
Fabio Panetta. Miembro de la junta ejecutiva del Banco Central Europeo. (Enero 2023).

Aun concediendo el beneficio de la duda a las palabras del ejecutivo del Banco Central Europeo, esto no significa que los gobiernos, y no el banco central, bajo los pretextos habituales de lucha contra el blanqueo de capitales y la financiación del terrorismo, ejercerán el control o tendrán el acceso total a la información extraída de nuestra billetera digital de CBDC, en Europa también denominado Euro Digital.

Lo más sensato será dar por sentado que todas y cada una de las transacciones, tanto enviadas como recibidas serán completamente monitorizadas por el gobierno, tarea además que será probablemente ejecutada en la práctica por las empresas privadas subcontratadas a tal efecto por el BEC.

4. Procesamiento.

Aquí una de las pocas ventajas claras de un sistema de moneda digital, siempre que este sea adecuadamente implantado, las transacciones deberían ser tan rápidas y convenientes como los son los pagos con tarjetas de crédito/débito o sistemas de pago con el móvil de las grandes empresas tecnológicas.

Por el contrario, los pagos con bitcoin para sustituir al efectivo, o las tarjetas de crédito resultaría sumamente lento, puesto que para que una transacción sea considerada segura e irreversible requiere al menos 1 hora, que es el tiempo para la confirmación de al menos 6 bloques de la Blockchain de Bitcoin, que son añadidos cada 10 minutos.

En este punto es necesario recalcar que no todos los pagos requieren la inmediatez del pago en un comercio, por ejemplo, la facturación entre empresas o las domiciliaciones de recibos mensuales por servicios o alquileres podrían efectuarse perfectamente con Bitcoin.

En cualquier caso, aunque no es el propósito de este libro, el lector debe conocer que ya existen sistemas denominados de segunda capa sobre la Blockchain de Bitcoin, que sí permiten los micro-pagos instantáneos utilizando Bitcoin mediante el sistema Lightning Network, ya ampliamente empleado, aunque aún sea considerado en fase de prueba.

Este sistema es empleado por ejemplo en El Salvador para proveer los servicios de pago instantáneos utilizando Bitcoin como moneda de curso legal, junto al dólar estadounidense.

Este sistema, Lightning Network, puede resultar imbatible en términos de capacidad, velocidad y número de transacciones por segundo ejecutadas, superando ampliamente los servicios más usados actualmente por los emisores de tarjetas de crédito/débito.

Debido a las características de su concepción, cuantos más usuarios usen Lightning Network más rápido y capaz será.

5. Volatilidad.

La volatilidad es una medida estadística de cuánto cambia el precio de una divisa o activo financiero durante un período de tiempo determinado.

Si bien podríamos pensar que una moneda fíat emitida por un banco central mantiene un valor estable en el tiempo, al repasar someramente la historia observamos que su valor tiende inexorablemente a cero, y la inflación disminuye constantemente la capacidad de compra.

Desagraciadamente en ocasiones de alta inflación como la actual, 2022, 2023 es claramente observable la perdida acelerada de valor, si bien la apariencia de un valor nominal fijo en billetes y monedas disfraza este evento adverso.

Por el contrario, Bitcoin, al tener todavía una pequeña capitalización comparada con la masa monetaria fíat, y no contar con una regulación que de seguridad jurídica a grandes inversores institucionales adolece de una enorme volatilidad que a corto y medio plazo resulta muy inconveniente para ser usado como moneda.

Si bien es en el largo plazo donde Bitcoin demuestra un aumento de su valor, un 1.800% contabilizando solamente desde 2014, con ciclos de cuatro 4 años, donde un año es de gran caída en el precio, por tres años de subidas sostenidas.

Referencia:
https://www.newyorkfed.org/medialibrary/media/research/staff_reports/sr1052.pdf
Según la Reserva Federal de Nueva York.
Documento: NO. 1052 Febrero 2023

Página #10:
"En unos diez años, Bitcoin experimentó un rápido crecimiento que pasó de $ 5 en 2012 a más de $ 60,000 en marzo de 2021, para una tasa de crecimiento anual compuesta de aproximadamente 270% por año. La tasa de crecimiento anual compuesta en la muestra completa es, sin embargo, del 220% anual debido a su reciente disminución. (En 2022)
Durante el mismo período de muestra, el índice bursátil S&P 500 creció alrededor del 11% anual entre 2012 y 2022, mientras que los precios del oro y la plata se mantuvieron estables."

Por tanto, respecto a la volatilidad y crecimiento de Bitcoin, deberíamos considerar el periodo temporal según nuestra expectativa, antes de emitir un juicio al respecto.

6. Sistema Permisionado.
De igual manera que para usar el sistema bancario, el requisito previo y fundamental para el uso de una divisa digital

CBDC es la identificación personal, la consecuencia directa es que los usuarios deberán contar con el permiso del emisor para poder acceder a la aplicación de billetera electrónica en primer lugar.

En segundo lugar, los fondos registrados y todas las transacciones estarán bajo un constante monitoreo, supervisión y aprobación, lo que evidentemente socava la propiedad real sobre los fondos, ya que a discreción del emisor de la CBDC el permiso para acceder a la aplicación de billetera podría ser condicionado o revocado en cualquier momento, siempre atendiendo a premisas legales o para su "propia seguridad".

Así mismo cualquier transacción que pudiera violar los criterios del emisor o la normativa de su gobierno podrían no ser autorizadas, bloqueadas o peor aún revertidas.

Bitcoin por el contrario es un sistema no permisionado, no requiere de ningún permiso para instalar la billetera que usted prefiera, ni para recibir o enviar Bitcoin.

Al ser un sistema totalmente descentralizado no requiere de un intermediario o entidad central autorizada para verificar y registrar las transacciones. En su lugar, esto se hace a través de una red descentralizada y distribuida por todo el mundo de nodos que mantienen una copia del libro mayor, es decir la blockchain y verifican y registran las transacciones en un consenso. Esto significa que nadie tiene control central sobre la red y cualquiera puede participar en ella sin permiso.

Las transacciones son seudónimas, que no anónimas, volveremos sobre este punto más adelante, y no pueden ser censuradas, detenidas, bloqueadas o revertidas, siempre y cuando el usuario esté operando una billetera de custodia propia, y no una billetera o aplicación de alguna empresa de custodia o una casa de cambio, conocidas como Exchanges.

Como aseguran los conocedores de Bitcoin, si el usuario no tiene el control al poseer sus llaves privadas desde una aplicación de billetera de auto custodia, y tiene su Bitcoin custodiado por un intermediario, en realidad no será el poseedor efectivo, y se hallará en el mismo caso que teniendo su dinero fíat en un banco, peor aún, habitualmente los Exchanges todavía hoy funcionan sin una regulación clara, y son excluidos del sistema financiero, como para poder adherirse a un consorcio público o privado de Garantía de Depósitos, como suelen tener las cuentas bancarias.

7. Adopción.
La adopción de CBDC será impuesta por el gobierno y los bancos centrales, mientras que la adopción de Bitcoin es totalmente voluntaria y está impulsada por la comunidad de usuarios.
Considerando las ventajas que aportaría una moneda electrónica CBDC para el control social y de la economía, sería ingenuo pensar que el poder político desistiría de implantar las CBDC por la resistencia de los ciudadanos.

En todo caso aplicarán el conocido sistema de la ventana de Overton*, que bien podría ser así:
Primero las ponen en marcha como prueba, "garantizando" que no sustituirán al dinero físico, sino que lo complementará. Continuarán haciendo innecesarios los medios de pago actuales, pronto la única manera de recibir cualquier ayuda social será en forma de dinero digital, podrían continuar haciendo obligatorio el pago de todo tipo de impuestos en moneda digital, llegado este momento el dinero físico en la

vida diaria prácticamente habrá desaparecido, y de hecho como ya ocurre hoy en día, cuando alguien maneja una cantidad relativamente alta en billetes inmediatamente es objeto de sospecha de manejar dinero ilícito.

Bastaría esta excusa para interrumpir la "garantía" de no eliminación del dinero físico, ya que este obviamente sería el preferido de los delincuentes y evasores fiscales.

La cuestión no es si las CBDC terminarán siendo el único dinero circulante, sino cuando, o a qué velocidad será implantado.

Este proceso como todos los de control social, en los cuales se ha usado la metodología de la ventana de Overton*, pasará completamente desapercibido para la mayoría de la población, los jóvenes, ni siquiera recordarán lo que es el dinero físico, o la necesidad de portar unos papeles y cierta cantidad de pesadas monedas para gestionar los pagos menores.

El uso de Bitcoin como dinero digital no controlado por gobiernos, bancos o corporaciones es absolutamente voluntario, la preferencia natural humana por la propia elección y la resistencia a la imposición de las CBDC, podría generar reacciones sociales que aún están por ver, a medida que continúa creciendo su adopción.

Ahondaremos mucho más en este tema en el último capítulo, dedicado a las alternativas a las CBDC, donde repasaremos cual ha sido el éxito de los países pioneros con las CBDC.

Capítulo 5.
Visión de la Tecnología subyacente y Blockchain.

Aquí analizaremos que es una Blockchain, traducción literal del inglés: Cadena de Bloques, y porqué es la tecnología preferida para gestionar Bitcoin, dinero y activos digitales, tokens o activos tokenizados, y casi con toda seguridad será la base técnica para la implantación de las CBDC.

Nos adentraremos solo brevemente acerca de qué es una base de datos, cuya definición podría ser la siguiente:
Una base de datos es un conjunto organizado de datos almacenados y accesibles en un sistema informático. Estos datos pueden incluir texto, imágenes, números y otros tipos de información que están estructurados para su fácil acceso, uso y gestión.

Las bases de datos son administradas por un tipo especifico de software llamado Gestores de Bases Datos, bien directamente o desde otras aplicaciones que pueden acceder a consultar los datos almacenados, siendo utilizados para realizar tareas como la búsqueda, consulta, actualización y análisis de datos.

Existen muchos tipos de bases de datos, la forma más simple constaría de una tabla o casillero con filas horizontales y columnas verticales de casillas, donde escribiríamos la información requerida.
Pongamos un ejemplo, en la primera columna podríamos introducir el Número de identificación personal y en las siguientes casillas de la misma línea, los datos personales de un cliente o usuario, como Nombre, dirección, teléfono, etc.

A partir del número de identificación de la primera columna, podríamos consultar el resto de datos asociados al número de esa primera casilla en toda esa línea.

Muchas de las Bases de Datos más usadas hoy en día son del tipo Bases de datos Relacionales.

Estas bases de datos tienen varias tablas donde almacenan diferentes tipos de información, pero todas las tablas mantienen una columna índice o referencia común con el resto de las otras tablas de la misma Base de Datos, y con un lenguaje de programación especifico que permite hallar, consultar, extraer y combinar información de cualquiera de las tablas.

Ejemplos comunes incluyen: MySQL, PostgreSQL y Microsoft SQL Server.

Existen otros muchos tipos como Bases de Datos:

Bases de Datos no Relacionales: Estas bases de datos no utilizan un esquema fijo y permiten una flexibilidad en la estructura de los datos.

Bases de datos orientadas a objetos: Estas bases de datos utilizan un modelo de objetos para almacenar los datos y permiten la relación entre ellos.

Bases de datos de grafos: Estas bases de datos utilizan un modelo de grafo para representar los datos y las relaciones entre ellos.

Bases de datos de/en tiempo real: Estas bases de datos proporcionan un alto rendimiento y escalabilidad para manejar grandes cantidades de datos en tiempo real.

Cada tipo o arquitectura de Base de Datos tiene sus propias ventajas e inconvenientes.

Sin embargo, desde el nacimiento de Bitcoin se ha comprobado que, cuando se requiere seguridad, fiabilidad e inmutabilidad, la tecnología de Bases de Datos Blockchain resulta ser la idónea.

Cuando hablamos de la transmisión de valor a través de internet, como dinero o activos digitales, que serán transaccionados electrónicamente por la red, no queremos tener la menor duda que será con un sistema absolutamente seguro.

Para este fin se podría emplear, y puede que algún estado lo haga, una solución basada en una arquitectura de Base Datos como las mencionadas anteriormente, y no en Blockchain.

Sin embargo, los riesgos inherentes a fin de enviar y recibir dinero, en forma digital, serían muy altos.

Pensemos en alguno de estos riesgos, si por ejemplo el Sistema Informático que procesa las transacciones quedara inoperativo por cualquier causa, todas las transacciones se detendrían. La solución para este problema es tener sistemas redundantes, donde hay muchos centros de procesamiento, y aunque un gran número de ellos pudiera quedar inoperativo, los restantes aún en servicio podrían suplir su función sin ocasionar un problema en el tráfico de las transacciones.

Si hay un único punto de falla, como un sistema central de procesamiento, y este queda fuera de servicio, la catástrofe estaría servida. La solución, descentralizar en múltiples nodos de procesamiento. Aunque algunos estén fuera de servicio, los restantes mantendrán la operativa del servicio.

Otro problema podría surgir si la base de datos se corrompe por un error en los datos procesados, esto podría deberse a un error humano, de hardware en el almacenamiento de los datos, o peor aún un acto delictivo o un hackeo.

Podríamos imaginar un escenario de película distópica donde toda la red de dinero electrónico público no solo estuviera fuera de servicio, si no que los datos, es decir sus fondos en su billetera hubieran sido borrados o inflados, al igual que las billeteras de todos los ciudadanos, el caos resultaría total.

Esto podría solventarse razonablemente disponiendo de sistemas de respaldo o copia de seguridad, llamado en informática Backup, tanto de la propia base de datos, como también de los sistemas informáticos de procesamiento.

Si bien la restauración de datos y sistemas desde una copia de seguridad puede requerir cierto tiempo, en el cual el sistema CBDC no estaría operativo.

La manera de solucionar este problema se llama en informática distribución, o replicación en tiempo real.

La base de datos no debe estar almacenada en un único sistema de almacenamiento, sino en múltiples, cuantos más mejor, mayor seguridad, con el muy importante detalle, que todas las copias almacenadas y en uso, deben ser absolutamente idénticas.

Si algún nodo de procesamiento detectara una corrupción de datos, este podría detener el procesamiento de las transacciones, servicio que sería cubierto por alguno de los otros nodos, para rápidamente reconstruir la integridad de los datos desde su copia de seguridad local de la base datos, o bien desde la base de otro nodo que almacene la base de datos correctos.

También es un riesgo un posible un acceso o incluso una modificación de los asientos contables del sistema por un agente malicioso externo o interno, que por ejemplo creara fondos falsos en la base de datos del sistema, otorgando esos fondos a su billetera, en este punto debemos considerar crucial la seguridad no solo para el acceso sino para la modificación de la base de datos, y es en este punto donde podemos entender que la identidad digital es absolutamente fundamental para controlar este riesgo.

Para todos estos supuestos la tecnología de Bases de Datos Blockchain o Cadena de Bloques ha demostrado una fiabilidad absoluta, si bien no es tan rápida o eficiente como otros tipos de bases de datos, de hecho, es bastante lenta, proporciona la seguridad, fiabilidad, e inmutabilidad que requiere procesar transacciones de dinero o trasmisión de valor, aunque sea menos eficiente en términos de velocidad.
Esta característica no es un defecto de las bases Blockchain, es una característica buscada desde su diseño, donde se antepone la seguridad absoluta sobre cualquier otro criterio, utilizando para ello la descentralización, distribución e inmutabilidad.

Como Funciona una Blockchain.

Para explicar este funcionamiento me remitiré como ejemplo a la blockchain de Bitcoin, pues esta ha demostrado una solidez absoluta desde su puesta en marcha, el 3 de enero de 2009 a las 18:15, sin una sola interrupción y funcionando con absoluta confiabilidad a pesar de haber sido atacada incluso con los medios de organizaciones estatales.
Sin embargo, me abstraeré de los detalles más técnicos relacionados con el protocolo Bitcoin.

El interés del autor es que el lector entienda el funcionamiento básico de una base de datos Blockchain, y la enorme revolución que representa cuando queremos garantizar la seguridad y la inmutabilidad de los datos registrados.

Muchos expertos en Tecnología de la Información, Economía, Administración, etc., ya prevén un futuro cercano donde todas las transacciones, no solo de dinero digital como CBDC o Bitcoin, sino de acciones, obligaciones, opciones, bonos, contratos, títulos de propiedad inmobiliarios, la propiedad de todo tipo de bienes tokenizados, identidades digitales, etc. la lista sería aún más larga, estarán registradas en Bases de Datos Blockchain.

Una característica crucial de una base de datos basada en Blockchain, es si el acceso para consultar los datos es de acceso público, o bien este acceso es permisionado.

El acceso, para su consulta, es totalmente libre y todo el contenido es público en la Blockchain de Bitcoin.

Con un sistema monetario puramente digital basado en Blockchain, la transparencia de los organismos públicos y todos los entes de los gobiernos podrían ser auditados hasta último céntimo, siempre y cuando el acceso, como consulta, al libro mayor contenido en la blockchain fuera igualmente público. No habrá excusa creíble para impedir que los ciudadanos puedan consultar o auditar las cuentas y transacciones púbicas en la Blockchain.

Entrando en materia para explicar la Blockchain de Bitcoin.

La Blockchain de Bitcoin es una base de datos digital que registra *todas* las transacciones de Bitcoin en bloques enlazados entre sí por criptografía, a modo de libro mayor contable.

Es un sistema descentralizado y público, que no depende de una autoridad central o un servidor principal.

El protocolo Bitcoin establece tres tipos de actores en la red y la Blockchain de Bitcoin, que son: las Billeteras, los Nodos validadores, y los Nodos mineros.

Las billeteras tienen varias funciones, las principales son enviar y recibir bitcoin, o más bien los mensajes de envío y recepción de Bitcoin desde o hacia otra billetera, que una vez registrados en la Blockchain se consideran irreversibles e inmutables, así como guardar la Clave Privada con la que firmará cada transacción.

Debemos entender que una Billetera Bitcoin no almacena los bitcoins, solamente almacena la llave criptográfica privada que permite firmar las transacciones de gasto.

De hecho, el nombre más apropiado debería ser llavero y no billetera.

Las billeteras se conectan a la red Bitcoin, y pueden mostrar los bitcoin recibidos y enviados, calculando el saldo entre los recibidos y los gastados o enviados. En la Blockchain de Bitcoin no se registra cuanto bitcoin posee una dirección, solo las entradas (recibidos) y salidas (enviados) a modo de un libro mayor de contabilidad.

Cuando se instala una billetera Bitcoin se crea con un algoritmo criptográfico una nueva Clave Privada que jamás debe ser compartida y una clave o dirección pública, o más bien un conjunto de direcciones que se derivan desde esta dirección pública. Cada una de ellas es una larga cadena de caracteres alfanuméricos, que llamamos direcciones, para recibir o desde donde enviar bitcoin o fracciones.

La Clave Privada se usará para generar las firmas digitales de las transacciones de salida o gasto, cuando enviamos bitcoin. La clave publica es usada para verificar la autenticidad de las firmas digitales generadas con la Clave Privada, sin necesidad de conocer esta.

La criptografía permite verificar matemáticamente que la firma digital de una transacción únicamente puede haber sido firmada por cierta Clave Privada, conociendo solamente la clave pública.

La aplicación billetera se encarga de gestionar todo ese conjunto de direcciones donde se reciben y desde donde se envían los bitcoin o fracciones de bitcoin, mostrando al propietario las salidas o envíos, y las entradas o recepciones y el saldo no gastado.

Cuando el usuario de una billetera decide enviar Bitcoin, de modo automático y transparente para el usuario, su billetera genera un mensaje de salida o gasto, donde muy resumidamente incluye: su propia dirección, la cantidad a enviar de entre los bitcoin o fracciones de bitcoin que previamente ha recibido, y aún no ha gastado, la dirección de destino, un sello de fecha y tiempo, y las firmas digitales que prueban inequívocamente que el bitcoin o fracciones de Bitcoin llamados "Satoshis" que está enviando fueron recibidos y no gastados anteriormente, lo cual demuestra que es el poseedor, hasta que se complete la transacción de envío y esta sea añadida en la Blockchain, momento en que quedará registrado el nuevo dueño de ese bitcoin o su fracciones Satoshis, que será el poseedor de la billetera con la dirección de destino, por supuesto también estará incluida la firma digital que ha autorizado esa transacción.

Cada transacción contiene todas las firmas de todos los propietarios anteriores de ese bitcoin o fracciones, por lo tanto, es fácilmente rastreable hasta el punto inicial donde ese bitcoin o fracción fue minado (acuñado) por un nodo minero.

Este proceso de verificación parece laborioso, pero un computador puede realizarlo en milisegundos.

Además, la billetera añadirá a la transacción una pequeña comisión para compensar a los nodos mineros por el procesamiento de esa transacción, muchas billeteras permiten al usuario seleccionar que cantidad que añadirán como comisión, si deseamos que esa transacción sea procesada rápidamente, como en el siguiente bloque, deberemos elevar la comisión que vamos a pagar, si ponemos una comisión muy baja, esta podría retrasarse.

El volumen de transacciones en un momento dado, marca el precio de esa comisión de proceso. En un momento de alta demanda de transacciones los mineros solo incluirán aquellas transacciones que llevan añadida a modo de propina una comisión más alta, pues estas comisiones son recibidas por el nodo minero que consiga cerrar e incluir un nuevo bloque en la cadena.

El precio de la comisión para que los mineros procesen la transacción, viene dado por un lado por la longitud en bytes de la transacción, que incluyen todos los datos y todas las firmas anteriores del bitcoin enviado, y por la demanda puntual para incluir nuevas transacciones en la Blockchain.

Una vez que el mensaje, o transacción, es enviado a la red Bitcoin por la billetera, este es recibido por los Nodos Validadores y los Nodos Mineros.

El núcleo del protocolo de consenso (Proof of Work)* son estos dos participantes principales de la red: Mineros y Nodos Validadores.

Un nodo validador es un equipo en la red que proporciona la primera capa de comprobaciones para determinar si una transacción es válida, estos verificarán en la Blockchain si efectivamente el bitcoin o fracciones enviados eran propiedad de la billetera que envía la transacción, así como la validez de la cadena de firmas que van también incluidas en el mensaje, lo cual permite a los nodos verificar matemáticamente gracias a la criptografía todo el historial de los anteriores propietarios de ese bitcoin o fracciones desde que fue creado o minado.

Las transacciones válidas se agregan a un grupo de memoria llamado "MemPool", una cola de transacciones ya validadas pero que aún no tienen ningún bloque asignado. Durante un periodo aproximado de 10 minutos los mineros toman de esa cola de transacciones aquellas que tienen asociada una mayor comisión para su procesamiento, a modo de subasta y estas son añadidas a un bloque.

Los mineros compiten entre sí para encontrar un hash* desconocido, llamado "nonce", que, cuando se combina con los datos de la transacción, les otorga el derecho de cerrar el bloque.

El minero ganador que encuentra por poder bruto de cómputo ese hash*, que cumple con un requerimiento de dificultad, cierra su bloque y determina las transacciones que previamente ha seleccionado de la cola Mempool y las añade junto con el hash nonce en un nuevo bloque, para añadirlo a la Cadena de Bloques.

Cerrado el bloque es transmitido a todos los nodos, tanto mineros como nodos validadores que verifican que el bloque está cerrado legítimamente por el nodo minero que primero encontró el hash "nonce", y verifican criptográficamente el nuevo hash del bloque.

Esta verificación es extremadamente fácil, y basta con verificar el Hash del último bloque añadido, para asegurar con certeza matemática la integridad de que todos los bloques anteriores.

Por tanto, todos los nodos pueden verificar que su copia local de la Blockchain es idéntica a la de todos los demás.

Los mineros también pueden funcionar como un nodo, porque tienen una copia completa de toda la Cadena de Bloques. Sin embargo, los nodos no pueden operar como mineros.

Si algún nodo validador o nodo minero detecta una transacción fraudulenta, la marcará como tal, y esta no será añadida a ningún bloque.

Podría darse el caso que algún nodo, también fraudulento, acepte una transacción falsa, en este caso el protocolo Bitcoin establece un consenso de mayoría, por lo que para añadir un bloque con una transacción fraudulenta a la Blockchain debería ser aceptada por al menos el 51% de los nodos, como estamos hablando de unos 300.000 nodos repartidos por todo el mundo, además de entre 7.000 y 10.000 nodos mineros, esta posibilidad es totalmente descartable.

Además, los bloques fraudulentos, o generados por nodos maliciosos son también marcados, por lo que el resto de nodos dejara de procesar y aceptar sus bloques.

Para su información usted mismo puede descargar e instalar libre y gratuitamente un nodo validador con un ordenador domestico bastante normal, aunque con buena capacidad almacenamiento.

Esta facilidad es la que crea esa gigantesca red de nodos que proporcionan la seguridad a Bitcoin.

Explicación de como de cierran y se enlazan los bloques que componen la Blockchain de Bitcoin.

Esta parte puede resultar más técnica, solo es necesaria si quiere profundizar en la tecnología de base, si no es así, puede saltar a la página 73. Capitulo 6.

Bitcoin utiliza el algoritmo SHA-256 , un algoritmo unidireccional que genera una huella digital criptográfica o "hash" y fue creado por la NSA (Agencia de Seguridad Nacional estadounidense) en 2001.

Básicamente el algoritmo genera una clave, o huella digital como un bloque alfanumérico, (compuesto de letras y números) único con 64 caracteres, a partir de un texto de entrada, cualquier cambio en el texto de entrada generará una huella digital de la misma longitud, pero totalmente diferente, incluso cambiando o añadiendo un espacio en blanco en el texto de entrada, la huella digital será completamente diferente.

Sin embargo, si repite el proceso con el mismo texto, siempre obtendrá el mismo hash o huella digital.

El hash de un bloque anterior ya cerrado se incluye junto con las transacciones que forman el bloque siguiente.

Por tanto, si se altera cualquier dato de un bloque generará un hash de bloque diferente, y a partir de ese momento todos los bloques siguientes creados tendrán hashes diferentes a la de la mayoría de los nodos.

Los Nodos mineros y validadores con tan solo verificar la validez del hash del último bloque añadido pueden saber con total certeza matemática que todos los bloques anteriores de la blockchain son los originales validados y comprobados, garantizando la inmutabilidad de los datos añadidos.

Este es el mecanismo que garantiza la absoluta integridad de los bloques añadidos a la blockchain en cada copia distribuida entre los nodos.

Este punto es crucial en una base de datos Blockchain, la absoluta certeza matemática que todos los nodos de la red almacenan una copia idéntica.

La función hash del algoritmo también sirve para generar la llave privada y la llave pública que se utilizan en Bitcoin para cifrar o verificar un mensaje o transacción. Este par también se conoce como clave privada y clave pública o criptografía asimétrica.

Podemos verificar con total certeza matemática que un mensaje, como una transacción, ha sido firmada por el poseedor de una llave o clave privada, conociendo solamente su llave publica transmitida.

Referencia para la explicación de SHA-256.
https://www.microsiervos.com/archivo/seguridad/algoritmo-sha-256-explicado-visualizado-paso-a-paso-bit-a-bit.html

Herramienta función de Hash SHA-256
https://emn178.github.io/online-tools/sha256.html

Alcanzado el límite de tamaño de aproximadamente 1 Megabyte por bloque, donde han sido registradas todas las transacciones recibidas y validadas de los últimos 10 minutos, los Nodos Mineros cierran el bloque, y para lograrlo, y en modo competición, tratan de resolver un acertijo matemático que cumple un requisito de dificultad, que requiere una extraordinaria potencia de cálculo.

El primer nodo minero que encuentra la solución que cumple con la dificultad establecida, cierra el bloque, y aquí se produce la magia, la firma digital o hash de todo el contenido del bloque ya cerrado y validado es incluido en el bloque siguiente, de esta manera todos los bloques quedan enlazados garantizando cada uno la integridad de todos los anteriores, cualquier alteración de un bloque cerrado y añadido previamente a la Blockchain generaría un hash diferente en todos los bloques posteriores, lo cual sería fácilmente identificable por los nodos mineros y validadores.

La dificultad de la prueba de trabajo (Proof of Work) que permite cerrar un bloque y añadirlo a la blockchain consiste en encontrar un hash aleatorio llamado "nonce" que junto con el texto del bloque que contiene las transacciones de los últimos 10 minutos, debe encontrar un hash que comience con un número determinado de ceros.
Si en un momento determinado hay muchos mineros con una gran potencia de cálculo, encontrarán ese hash en menos de 10 minutos, por lo que el protocolo Bitcoin aumentará la dificultad, aumentando el número de ceros requeridos por los que deben empezar los hashes de cierre de bloques.

Por el contrario, si disminuye la potencia de cálculo o el número de mineros, hablamos de cientos de miles de computadores especializados, y los bloques tardan más de 10 minutos en cerrarse, el protocolo disminuirá dinámicamente la dificultad, hasta conseguir una velocidad media de 1 bloque nuevo por cada 10 minutos.

Existen muchas Blockchain diferentes, incluso versiones comerciales de grandes fabricantes, que sin embargo no pueden garantizar el mismo nivel de seguridad que la Blockchain de Bitcoin por el simple hecho de que la red Bitcoin cuenta con un número gigantesco de Nodos.

Las características esperadas de cada Blockchain pueden ser muy diferentes en función de la utilidad buscada; para valorar el desempeño que ofrece una blockchain debemos fijarnos en que cumplan su función de almacenar información con absoluta seguridad, de modo descentralizado, es decir sin tener una autoridad central validadora, y de modo distribuido, es decir con una copia integra de los datos en múltiples localizaciones.

Muchas otras criptomonedas y soluciones informáticas diversas implementadas con una blockchain no necesariamente cumplen su objetivo, *las bases de datos Blockchain son apropiadas cuando queremos seguridad; descentralización, distribución e inmutabilidad.*

La utilidad de esta tecnología viene dada por estos tres factores, y su utilidad se enfoca en el registro fiable, seguro e inmutable de Datos.

En referencia a la Blockchain de Bitcoin podemos dejar sentado que incluso con una caída masiva de Internet, un evento catastrófico o una reducción del número de nodos, la respuesta y la integridad de Bitcoin estará garantizada.

La solidez y la potencia de cálculo de la red Bitcoins es a día de hoy la mayor del mundo, superando en varias órdenes de magnitud a cualquier otra red dedicada de ordenadores, incluyendo todos los supercomputadores de grandes empresas tecnológicas, laboratorios de investigación o Estados.

He aquí alguna de las aplicaciones más apropiadas para un base de Datos Blockchain:
Identidades digitales y seguridad para acceso al almacenamiento en la nube.
Registro y verificación de datos.
Registros de Propiedad, Registros civiles, Registros Mercantiles.
Registro de Contratos inteligentes, Transparencia de Instituciones Públicas.
Cadenas de suministro, Seguridad automatizada, Sistemas de votación.

Una magnifica característica de la Blockchain de Bitcoin, no permisionada y de acceso público, es que cualquier persona puede acceder, consultar y analizar todas las transacciones, y el contenido de todas las direcciones de Bitcoin.
Recuerde que las direcciones que contienen las entradas y salidas, no están asociadas a un nombre o identidad personal, por eso decimos que Bitcoin es seudónimo, no anónimo, y absolutamente todos los bitcoins son rastreables.

Todas las transacciones pueden ser rastreadas con las aplicaciones llamadas Navegadores de Blockchain.
Con un sistema monetario basado en CBDC, pero construido sobre una Blockchain sería no solo técnicamente posible, sino extremadamente fácil conseguir una transparencia absoluta de las cuentas públicas.

Bastaría que los organismos estatales y de gobierno hicieran públicas sus direcciones en la Blockchain empleada, para que cualquier ciudadano pudiera auditar hasta el último céntimo de dinero público, siempre y cuando se empleará una Blockchain de acceso público, como la de Bitcoin.

Cabe preguntarnos ¿Si el estado se arroga el poder de escrutar todas las transacciones de nuestra billetera, deberíamos los ciudadanos exigir una Blockchain CBDC de acceso público?

En opinión de este autor, la respuesta puede parecer una utopía, pero como ahora ya sabemos, perfectamente posible y por tanto alcanzable.

CAPITULO 6.

Casos de uso comparado con Sistemas actuales. Identidad Digital.

Existe una diferencia fundamental con las tarjetas de crédito. Al usarlas por internet, usted envía toda la información y la clave de seguridad de su tarjeta con cada transacción.

Con bitcoin el usuario envía una firma digital que garantiza que solo el poseedor de ese bitcoin enviado puede haber generado esa firma, entregando solamente su clave publica y un hash o firma digital, resultando totalmente imposible averiguar la clave privada conociendo la pública, de ahí la denominación de criptografía asimétrica.

Con la clave privada se genera una firma diferente para cada transacción, porque incluso aunque coincidan dirección de envío, de destino o el importe y la cadena de firmas previas del bitcoin o fracción enviado, el sello de tiempo siempre será diferente.

La utilización de las convencionales tarjetas de crédito y débito para el comercio por Internet nunca ha dejado de ser arriesgado, utilizar una tecnología que se popularizó en los años 50 del siglo pasado, que nunca fue pensada para este uso sigue siendo una mala idea, e incluso con medidas adicionales ocasiona numerosos fraudes que, si bien en algunas ocasiones son asumidos por los bancos o las empresas emisoras, estas indudablemente cargan este coste al precio de sus servicios, de una u otra manera.

Referencia:
¿Cuál es el origen de la tarjeta de crédito? - Ficotec
https://www.ficotec.com/3696/#:~:text=Las%20tarjetas%20de%20crédito%20tienen,empresas%20le%20copiaron%20la%20idea.

Las tarjetas de crédito tienen su origen en 1914 cuando la empresa Western Unión creó una tarjeta que daba ventajas a sus clientes más selectos. Esta les permitía disfrutar de un trato preferente y también de una línea de crédito sin coste alguno.

En 1958 el Bank of America puso en circulación la primera tarjeta bancaria conocida como *Bankamericard* (actualmente VISA). También en 1958 American Express lanzó su primera tarjeta de crédito.
En el año 1967 el First American National Bank of Nashville creó la tarjeta denominada *MasterCharge* (actualmente MasterCard).

Sin duda el punto flaco del uso de tarjetas de crédito para su uso en Internet ha sido su seguridad, primeramente, porque en la transacción envía su propia clave de seguridad, lo cual resulta altamente vulnerable para un ataque malicioso llamado "Man in the middle".

Este consiste en interceptar la comunicación entre 2 o más interlocutores. Para ello, el atacante se sitúa entre ambos e intercepta los mensajes de A hacia B, conociendo la información y a su vez dejando que el mensaje continúe su camino.
La comunicación entre A y B transcurre normalmente como si fuera legitima, sin embargo, el atacante puede decidir si el mensaje interceptado continuará, si lo hará con la misma información o si lo hará con el contenido modificado, o bien

toma nota de los datos y claves enviadas, lo que le permitirá suplantar la identidad de la víctima y empezar a hacer compras con la identidad suplantada o peor aún vender esta información a otros hackers lo que multiplicaría el peligro.

Utilizando Bitcoin, una tecnología creada precisamente para ser usada en internet se soluciona este y todos los demás problemas asociados al envío de valor a través de Internet.
Los usuarios de billeteras propias o de las Casas de Cambio llamadas también Exchanges* pueden ser objeto de ataques, pero el protocolo y la cadena de Blockchain jamás ha sido hackeada, desde su creación en 2009 todos los intentos o análisis muestran la imposibilidad de conseguirlo.

Los hackeos de bitcoins pueden ocurrir sobre las billeteras de usuarios o Exchanges, y no sobre la red de Bitcoin.

Una identidad digital que permita su uso seguro, en el sentido de no poder ser suplantada, y además respetuosa con la privacidad y el derecho de las personas a controlar su información personal y evitar su uso indebido es un reto aún abierto.
Sin embargo, ya podemos ver dos caminos diferenciados en desarrollo, las soluciones de grandes corporaciones y gobiernos que siempre tienden a la centralización con el consiguiente peligro de crear un punto único de falla y por tanto aun siendo "bastante" seguras aun serán vulnerables.

Un ejemplo en desarrollo avanzado es el presentado por la empresa española Alastria (Alastria ID) Financiada por un enorme consorcio multisectorial en el que participan 600 socios entre grandes empresas, pymes, administración pública e instituciones académicas, para el establecimiento de una infraestructura pública pero basada en una blockchain **permisionada**, diseñada de acuerdo con la normativa española y europea.

El otro camino alternativo son las soluciones de código abierto, descentralizadas y basadas en Blockchain, no permisionadas y sin participación de corporaciones o gobiernos.

Alguno de estos proyectos son los siguientes:

RIF Directory.
Directory es una capa de identidad y se apoya en el Servicio de Nombres RIF. Este proyecto está pensado para trabajar en el ecosistema RSK, plataforma de contratos inteligentes de Bitcoin.

Sovrin.
Este es un proyecto de código abierto gobernado principalmente por Sovrin Foundation, una entidad sin fines de lucro, e impulsado por la empresa Evernym.
Sovrin es un sistema de identificación digital descentralizado. La plataforma se basa en una blockchain híbrida con tecnología de Hyperledger. De esta forma su uso es público, pero con acceso restringido mediante permisos para administración.

uPort.
uPort es un proyecto que ofrece un sistema de identidad digital descentralizada pero basado en la red Ethereum. Este es uno de los proyectos más antiguos impulsados desde ConsenSys. Está enfocado en proveer herramientas y

protocolos de código abierto para construir la capa de identidad en esta red de blockchain.

La solución ideal en que cada persona auto custodie la privacidad de sus datos personales y entregue los estrictamente necesarios para, por ejemplo, acceder a un servicio está todavía en sus inicios.
Por el momento lo recomendable es la prudencia al entregar nuestros datos. Y muy en especial, direcciones personales, teléfonos o datos financieros. De esta forma, evitaremos estar expuestos a agentes maliciosos y que podrían ocasionarnos muy serios perjuicios

Sin duda, la criptografía y las blockchain jugarán un papel importante en la identidad digital.
Muchas empresas y startups han puesto ya en funcionamiento sistemas de identificación digital, pero queda aún mucho por hacer.

Hacia una Identidad Digital única en la Unión Europea.

Referencia:
Identidad Digital Europea: fácil acceso en línea a servicios esenciales
https://www.europarl.europa.eu/news/es/headlines/society/20230302STO76818/identidad-digital-europea-facil-acceso-en-linea-a-servicios-esenciales

La identidad Digital Europea avanza a marchas forzadas en paralelo al desarrollo de la CBDC europea, el Euro Digital.
Según lo publicado por el Parlamento Europeo, la identidad Digital se define así:

¿Qué es la Identidad Digital Europea?

La Identidad Digital Europea (IDe) permite el reconocimiento mutuo de los sistemas de identificación electrónica de los diferentes países de la UE. En otras palabras, da la posibilidad a que los propios ciudadanos europeos se identifiquen y verifiquen su información personal en línea, sin tener que recurrir a proveedores comerciales.

¿Cuáles son los *"beneficios"* de la Identidad Digital Europea?

La Identidad Digital Europea puede usarse para acceder a servicios públicos como:

- Solicitar certificados de nacimiento, certificados médicos.
- Comunicar un cambio de domicilio.
- Abrir una cuenta bancaria.
- Presentar la declaración de los impuestos.
- Solicitar una plaza universitaria, tanto en su país de residencia como en cualquier otro país de la UE.
- Guardar una receta médica para poderla utilizar en cualquier lugar de Europa.
- Demostrar la edad.
- Alquilar un coche usando el permiso de conducir digital.
- Registrarse en un hotel.

Esta es solo una muestra de cómo la Identidad Digital será necesaria absolutamente para cualquier cosa.

Sin embargo, para todos los ejemplos en la lista anterior bastaría con los documentos que ya poseemos ahora, por tanto, no sería necesario ningún documento más, excepto para acceder a nuestra medicación, que obviamente permitirá también acceder a nuestros datos de salud, además de nuestro historial médico.

Debemos ser conscientes que toda la infraestructura de Verificación de Identidad Digital estará subcontratada a los gigantes de servicios en la Nube (Servicios en Internet), como Amazon Web Services, Google Cloud, Microsoft Azure, que ya tienen subcontratados prácticamente toda la infraestructura digital publica y hasta militar de algunos países.

¿Qué pasaría en el caso de una caída de estos servicios, un hackeo, o incluso una acción hostil, en el marco de una guerra hibrida o cibernética?

Recordemos que cuando nuestros datos están "depositados" en un sistema de almacenamiento informático centralizado ya no son nuestros, son propiedad y están bajo control del administrador del sistema informático que los almacena. *Entender este concepto, el cual es idéntico al dinero digital, es de enorme importancia.*

Si nuestros datos están almacenados en un sistema informático como un registro de información, entonces son muy vulnerables porque la información puede alterarse o borrarse fácilmente, a diferencia de un documento físico que este bajo nuestra custodia.

Los datos que desean enlazar a esta Identidad Digital Europea incluyen datos altamente sensibles y actualmente protegidos especialmente por leyes de protección de datos, que teóricamente deberían garantizar su uso solo con nuestro conocimiento y consentimiento, y solamente cuando sean necesarios.

Si sus datos personales y registros médicos están almacenados en un sistema informático, estos datos podrán ser consultados sin nuestro conocimiento, y sin consentimiento.
Estos datos podrían ser alterados o eliminados total o parcialmente, sin que pudiéramos hacer nada al respecto.

El acceso, la rectificación o la eliminación de algunos de nuestros datos podría ser condicionada o restringida por el propietario real de los datos, el administrador del sistema, bajo las órdenes del gobierno, todo ello sin contar además que al estar centralizadas serán vulnerables a ataques de hackers.

Preferimos pensar que estas cosas no sucederán, pero lo cierto es que ya han sucedido, y se volverán a producir en el pasado.

España. 11 de Noviembre 2022.
Un hackeo a través del Poder Judicial roba a Hacienda datos de medio millón de contribuyentes.
https://www.eldiario.es/politica/hackeo-traves-judicial-roba-hacienda-datos-medio-millon-contribuyentes_1_9699143.html
Los servicios de Información hablan de una fuga de datos sin precedentes que también incluye el nombre, DNI o domicilio de cerca de 50.000 miembros del Cuerpo Nacional de Policía.

21 de Noviembre 2022.
Piratas informáticos hackean el Ministerio de Economía
https://www.abc.es/espana/piratas-informaticos-hackean-ministerio-economia-20221121190027-nt.html

"El pasado lunes un funcionario vio cómo accedían en remoto a la red con toda la información económica de España: la Policía lo investiga en secreto.
El ciberataque al CGPJ robó los datos de todos los contribuyentes."

Estos ataques informáticos fueron *desmentidos* por el gobierno con posterioridad sin aportar ninguna información adicional en un escueto comunicado.
"Todos los sistemas de ciberseguridad del Ministerio están activos y en vigilancia continua. El riesgo cero no existe y se deben extremar las cautelas ante los riesgos de Internet"

Cabe señalar que un sistema CBDC bien desarrollado e implementado, podría ser muy eficiente para la liquidación de todo tipo de transacciones en los mercados financieros, que muy previsiblemente se gestionarán a través de activos tokenizados inscritos en alguna Blockchain.

Como ya se mencionó anteriormente muchos expertos en tecnología de la información auguran que la revolución Blockchain cambiará para siempre todos los mecanismos de los mercados financieros.

Las acciones o valores bursátiles, las participaciones en fondos ETF o shares, las opciones de compra o venta, las obligaciones, los fideicomisos, los créditos, los títulos de propiedad, todos, absolutamente todos los activos financieros estarán representados en tokens digitales y gestionados en una o varias Blockchain. Cada token estará vinculado a una identidad digital, y toda clase de activos podrán ser gestionados desde una Aplicación en su ordenador personal o teléfono inteligente.

En este escenario, los pagos y cobros, o liquidación monetaria, de cualquier operación podrían ser eficientemente procesados por un sistema CBDC.

Es altamente probable, que se implanten dos tipos de CBDC, que se denominan: Mayorista, para uso exclusivo de gobiernos, bancos, entidades financieras y corporaciones, y otra denominada Minorista, para uso particular de los ciudadanos.

CAPITULO 7.
Posibles Ventajas Prácticas en Seguridad y Eficiencia.

Como se indicó anteriormente la Blockchain de Bitcoin no destaca por su eficiencia o velocidad, porque lo que busca es la seguridad absoluta, el periodo de 10 minutos entre bloques es necesario para que un gran número de nodos valide cada transacción, esto no es un defecto, es una característica intrínseca de su diseño, pero ello ocasiona que sea poco útil para gestionar transacciones rápidas como las requeridas en el comercio, a menos que se emplee el Protocolo de segunda capa Lighting Network.

Por el contrario, una Blockchain con solo unos pocos nodos o una Base de Datos centralizada atenderán un gran número de transacciones del modo como hoy lo hacen los sistemas de pago con tarjetas de crédito o débito.
Una CBDC centralizada debería ser apropiada para transacciones ultrarrápidas, que además podría usarse en la liquidación de productos financieros que hoy dependen de sistemas de pago y liquidación interbancaria privados.
Lo que una vez más nos da la pista que los bancos, al menos como los conocemos hoy, serán totalmente inútiles y prescindibles.

El proyecto mBridge del Banco Internacional de Pagos será el puente que hará interoperables las CBDC a nivel global, y con ello previsiblemente el control centralizado mundial.

Un dinero digital centralizado, rastreable y monitorizable hará realmente difícil muchos delitos actuales, cualquier robo será prácticamente imposible, puesto que los fondos robados necesariamente se moverán de una billetera a otra, todas perfectamente identificadas y geolocalizadas. Realmente los delincuentes deberán encontrar alguna nueva manera de "liquidar" monetariamente sus operaciones ilegales.

El rastreo completo por parte de las autoridades permitiría la detección de cualquier actividad fraudulenta o de corrupción, siempre y cuando se pudiera auditar públicamente el libro mayor de transacciones, la tecnología lo permitirá, el poder político puede que no lo permita.
No solo los individuos, también las empresas e instituciones públicas contaran con una billetera, y todas sus transacciones podrían ser también rastreables, sería bonito pensar que de este modo se podría combatir eficazmente cualquier desviación de fondos e identificar a los responsables.

La utilización de aplicaciones billetera en teléfonos inteligentes será suficiente para eliminar o hacer innecesaria las infraestructuras de los servicios de pago privados actuales basados en tarjetas.
Aunque más bien esas infraestructuras privadas pasarán a ser públicas, y por tanto a cargo del gasto público.

Existe un gran inconveniente para el uso generalizado de CBDC, y es la necesidad de estar conectados a Internet, en caso de una catástrofe natural, un apagón eléctrico o una causa de fuerza mayor, las aplicaciones billeteras deberán ser capaces de realizar transacciones, tanto pagos como cobros fuera de línea o sin conexión, por medio de la tecnología NFC o bien a través de códigos QR.
Esto debería ser factible al menos por tiempo limitado y para cantidades también limitadas.

Aunque proveer soluciones CBDC totalmente fuera de línea sería realmente difícil, al menos con una sincronización en línea ocasional deberá ser una característica necesaria para poder cubrir las zonas geográficas sin acceso a Internet o con acceso limitado o no permanente.

Hay un punto que podemos exponer en este apartado sobre posibles ventajas, aunque podría muy bien ser también un inconveniente crucial.
Ese punto es que, cuando nuestro dinero sea un registro en una aplicación CBDC del Banco Central, *en principio,* estaría protegido de una quiebra bancaria.

La base de todo el sistema financiero actual que previamente hemos mencionado, la Reserva Fraccionaria, por la cual los bancos solamente guardan una pequeña fracción de los depósitos en sus cajas, está basada en la premisa de que será muy poco probable que muchos clientes depositantes quieran retirar sus depósitos o efectivo al mismo tiempo.

Cuando esto sucede, y ha sucedido muchísimas veces, el banco no puede reembolsar el dinero a sus depositantes, entonces debe acudir al Banco Central, por ello también denominados "Prestamistas de último recurso", que le proporcionará la liquidez necesaria, siempre y cuando los activos del banco como propiedades, bonos, acciones y créditos concedidos por el banco, pero aún no cobrados, puedan respaldar la cantidad que el banco necesite para reembolsar los depósitos.

Habitualmente se darán problemas puesto que los activos del banco podrían tardar mucho tiempo en liquidarse o no ser suficientes, por lo que el banco quebrará, termino sinónimo de "bancarrota".

Durante este proceso el banco estará cerrado o habrá suspendido los retiros, ocasionando graves problemas a todos sus depositantes, antes de que las autoridades ejecuten las leyes ya establecidas para tal eventualidad, que sería en principio una Recapitalización Interna o Bail-in* y solo posteriormente se liquidaran las indemnizaciones del Fondo de Garantía de Depósitos de su país, siempre y cuando este Fondo tenga suficientes "fondos" para compensar a los depositantes hasta un límite máximo de 100.000 euros por depositante.

En los Estado Unidos este límite es de 250.000 Dólares, en Suiza 100.000 francos Suizos y en el Reino Unido de 75.000 Libras.

Desde el punto de vista de un Europeo, especialmente si es ciudadano de uno de los países del sur, es más fácil pensar que sería mucho más improbable una caída del Euro Sistema Bancario detrás de la CBDC o Euro Digital, que de cualquiera de los grandes bancos comerciales Europeos.

Pero esto también podría convertirse en una trampa fatal ya que no habría forma de sacar su dinero del sistema CBDC.

Desaparecido el dinero físico nuestro dinero será únicamente un registro electrónico y ya hemos comprobado lo vulnerable y lo fácil que es bloquear, incautar o borrar un registro.

Una caída del Euro Sistema (eventualidad no imposible) provocaría unas consecuencias sobre las que es mejor ni siquiera imaginar, ya que estaremos atrapados.

El *concepto por el que, si usted deposita su dinero en un banco o un registro contable en un sistema CBDC, ese dinero, deja de ser suyo, debe estar muy presente.*

A partir de ese momento usted tiene una promesa de pago o en el caso de una moneda electrónica tendrá permiso para poder disponer de su dinero, pero los permisos pueden ser fácilmente revocados, y las promesas de pago incumplidas.
El riesgo de fragmentación de la unión Europea y la caída, no del sistema CBDC, si no de la confianza y el valor del propio Euro como divisa común, es un riesgo muy real.

El valor de una moneda como hemos visto puede ser impuesto legalmente, pero ese valor puede desvanecerse pues en el fondo el valor no reside en la ley, si no en la confianza que depositamos en que esa ley será aplicada, a la fuerza si es necesario.

En el Capítulo 10 profundizaremos es estos y otros riesgos, así como posibles remedios o alternativas.

CAPITULO 8.
Desafíos y Preocupaciones.
Disrupción con el rol actual de los Bancos.

Actualmente asociamos con naturalidad que el dinero es emitido por el Estado, y que los Estados o La Unión de Estados como la Unión Europea, tienen la potestad de emitir dinero, es una asunción tan natural que casi nadie se pregunta por qué y desde cuándo.

La asociación de Dinero y Estado es mucho más reciente de lo que usted seguramente piensa.
En el caso de España, no es hasta 1874 cuando el Decreto-Ley de 19 de marzo durante la efímera primera Republica de España, impulsado por el ministro de Hacienda José de Echegaray* acaba con el sistema de pluralidad de emisión y concede al Banco de España **el monopolio** de la emisión de billetes para la península y las islas, a cambio de un importante crédito para cubrir las necesidades financieras del Gobierno de la época.

Referencia: Biografía de José Echegaray(biografiasyvidas.com)

Este decreto dio la opción a los demás bancos provinciales de permanecer como bancos comerciales, **sin el privilegio de emitir billetes**, o de integrarse en el Banco de España como sucursales. La mayoría de los bancos provinciales se integraron y solo cinco de ellos decidieron continuar como bancos comerciales.

Hasta esa fecha los Bancos, siempre privados, emitían sus propios billetes, que no eran otra cosa que un recibo al portador del oro depositado en las bóvedas seguras de cada banco.

El dinero hasta 1874 era privado, a partir de entonces, por decisión legal, el Banco de España recibe el privilegio del monopolio para la emisión de billetes.

Es en este momento cuando el estado se otorga la potestad de emitir dinero, y cuando los billetes de pesetas dejaron de ser convertibles por oro al concederse al Banco de España el derecho exclusivo de emitir papel moneda no convertible, o no respaldado por oro.

Referencia: Banco de España.
"Del Banco de San Carlos al Banco de España."
https://www.bde.es/bde/es/secciones/sobreelbanco/historiaban co/Del_Banco_de_San/

En los Estados Unidos no fue hasta 1913 cuando se creó el Banco Central, denominado Sistema de la Reserva Federal.

La creación del Sistema de la Reserva Federal fue el tercer intento para instaurar un banco central. The First Bank en 1791 y The Second Bank en 1816 fueron sus antecedentes, los cuales no lograron sobrevivir. Casi 100 años después, se presentó una nueva oportunidad, de la cual emergieron 12 bancos regionales que hoy día conforman la maquina monetaria de Estados Unidos.

Sin embargo, la historia del dólar está ligada con la guerra de independencia de los Estados Unidos de la corona Británica.

En 1783, tras la victoria en la guerra, se lanzó la primera moneda de los EE.UU. cuyo nombre era *"Nova Constellatio"* y se prohibió que los estados pudieran acuñar su dinero propio. Es decir, solo el gobierno federal podría hacerlo.

El 2 de abril de 1792, el dólar se convirtió en la moneda oficial de los Estados Unidos como unidad de circulación a través de la Ley de Monedas del Congreso por orden del Gobierno.
Ese mismo año, surgió la Ley de Acuñación que establecía la creación de la casa de la moneda en Filadelfia, capital del país en ese momento.

Esta fundación era la encargada de hacer circular la moneda y también de producirla. Además, el dólar americano se ajustó en su composición, plata, y sus dimensiones y peso al "Real de a 8" Español, que en ese momento era la moneda de referencia mundial, garantizando de este modo la intercambiabilidad con este, y se fijó el sistema decimal.

También se decretó el material con el que se elaborarían todas las monedas: cobre en monedas de medio y un centavo, plata para los diez centavos, el cuarto de dólar, medio y dólar entero y, por último, oro para los cinco, diez y dos con cinco dólares. Este sistema decimal era muy distinto al del resto de monedas extranjeras con el propósito de fijar una nueva identidad nacional.

La fabricación de las primeras monedas en la Casa de Filadelfia no se puso en circulación hasta 1794, las monedas, que como hemos mencionado seguían el modelo del "Real de a 8" español, eran del mismo tamaño y también estaban fabricadas en plata. Estuvieron vigentes hasta 1935 y se las denominada "dólar de plata".

El "Real de a 8" era una moneda de plata con valor de ocho reales acuñada por la monarquía española desde el siglo XVI.

Fue la primera divisa universal y la primera moneda de curso legal en los Estados Unidos hasta 1857. Su diseño, tamaño y peso en plata inspiró el símbolo del dólar.

Aparición de los primeros billetes verdes de Dólar.

Los dólares de Abraham Lincoln eran pagarés a la vista, que se podían canjear por oro o plata en siete bancos específicos del país. Estos pagarés se emitieron en 1861 y 1862 durante la Guerra Civil estadounidense. También existía el dólar de oro, una moneda de oro acuñada desde 1849 hasta 1889

Por el año 1861, se necesitaba financiación para sufragar los gastos contra los secesionistas del Sur y en ese momento, el Congreso autorizó al Departamento del Tesoro a emitir notas de demanda sin intereses, llamadas greenbacks (billetes verdes), nombradas así por la tinta utilizada en el reverso.

Más tarde, se fijó una nueva moneda conocida como United States Notes o Legal Tender Notes, también de color verde. Esos billetes comenzaron a tener patrones geométricos y finas líneas en 1862, convirtiéndose en un sello del Departamento del Tesoro, detalles que evitaban la falsificación. Esta procedencia es el origen del actual billete de dólar.
Nótese que, salvo breves periodos, los billetes eran pagarés intercambiables por oro.

La convertibilidad del dólar a oro se suspendió definitivamente en 1971, durante la presidencia de Nixon, debido a una fuga masiva de capital del país y a la crisis del sistema monetario internacional tras el acuerdo de Bretton Woods (1944), donde se "acordó" que el patrón monetario internacional estaría regido por el dólar estadounidense, pero respaldándolo por oro, garantizando la intercambiabilidad de dólares por oro, a un precio de 35 dólares por onza Troy de oro.

Ese periodo de desconfianza hacia los Estado Unidos como garantes del valor de los dólares como si fueran oro, comenzó tras la reclamación de Charles de Gaulle de retornar el oro a Francia a cambio de los dólares de su reserva.
El esfuerzo bélico de la Guerra de Vietnam forzó al gobierno norteamericano a emitir dinero sin respaldo de oro, lo que aumento la desconfianza, generó desajustes en el tipo de cambio, inflación y volatilidad en los mercados financieros, lo que llevo a Nixon a "suspender temporalmente" la intercambiabilidad de dólares en Oro. No es necesario recordar que la "suspensión temporal" se volvió permanente de facto y sigue vigente en nuestros días.

De Gaulle expuso en un famoso discurso, que un patrón monetario basado en el oro mantendría el gasto público bajo control y evitaría una crisis económica a manos de los maestros de dinero.

Discurso de Charles De Gaulle, 1965:
"El hecho de que muchos países, aceptan como principio, que los dólares sean tan buenos como el oro, conduce a los estadounidenses, a endeudarse de forma gratuita a expensas de otros países. Porque lo que EE.UU. debe, lo paga, al menos en parte, con un dinero que solo ellos pueden emitir.
Ante las graves consecuencias que se podrían desencadenar en caso de una crisis, creemos que se deben tomar medidas a tiempo para evitarla. Consideramos necesario que el comercio internacional se establezca sobre un patrón monetario

indiscutible, y que no lleve la marca de un país en particular. ¿Qué patrón? ¡La verdad es que no se puede imaginar otro patrón que no sea el oro!"

Una vez que el dinero pierde su respaldo o intercambiabilidad garantizada por oro, como bien escaso que impide su emisión descontrolada, y pasa a ser un monopolio de los gobiernos estatales, comienza una degradación del valor del dinero a través de la inflación, que continua hasta nuestros días.

El apetito por el gasto y el déficit del poder político encarnado en los estados conduce ineludiblemente a un incremento sin límite, o con un límite que se va elevando según se alcanza, del gasto y su solución más fácil, la emisión de nuevo dinero. A partir de ese momento los gastos de los estados, los presupuestos militares y las guerras tienen una fuente de financiación aparentemente "sin límite".

La asunción del monopolio para la creación de dinero por parte de los estados es un hecho relativamente reciente en términos históricos, distorsionando el valor de dinero, que para mantener su valor debe ser necesariamente escaso.

Cada vez que los Bancos Centrales emiten o crean dinero *de la nada*, como cuando "compran" Bonos de deuda privada de grandes corporaciones, bancos y deuda pública de los estados, o conceden crédito a los bancos comerciales, están creando un dinero falso.
Un dinero tan falso como el que imprimen los falsificadores de billetes, porque ese nuevo dinero no está respaldado por el valor de nuevos bienes o aumento de los servicios.

Peor aún, el valor de ese nuevo dinero extrae el valor de la economía y el dinero ya en circulación, porque crea inflación, robando valor o poder adquisitivo de sus ahorros, el fruto de nuestro trabajo y de la actividad económica real de las empresas.

Pero no queda ahí el perjuicio, la falsa creencia del poder político de que los estados pueden hacer dinero de la nada, impulsa un apetito por el gasto sin límite de los gobiernos, y la mala asignación de ese recurso extraído del dinero ya existente en financiar los nuevos dogmas políticos de cada momento, así como los gastos militares.

El rol asignado a los Bancos Comerciales ha ido evolucionando con la historia del dinero, cuando el dinero estaba respaldado por oro y depositado en las bóvedas seguras de los bancos privados, ese dinero emitido como pagarés, aparte de enriquecer a los baqueros, al menos era la representación de un valor tangible no inflacionario.

Los Reyes y Estados solían necesitar el crédito proporcionado por los Bancos, hasta que finalmente el poder político se hace con el monopolio de la emisión de dinero, a partir de ese momento los Bancos Comerciales se convierten en un apéndice interdependiente del poder político.

Los Bancos comerciales obtienen sus beneficios, entre otras formas, del diferencial de los intereses que pagan al obtener dinero del Banco Central y el que cobran a sus clientes, particulares, empresas y Estados, en este punto surge la idea o pregunta ¿Por qué los estados deberían financiar sus déficits públicos a través del crédito pedido a los Bancos Comerciales, cuando podrían obtener esa financiación más económica directamente del emisor de dinero fíat, el Banco Central?

Otro de los modos con el que los bancos comerciales obtienen beneficios es con la intermediación bancaria al procesar transferencias y con los servicios de custodia del dinero, pero con las CBDC las transacciones serán directas entre billeteras sin la necesidad de la intermediación bancaria, así mismo el servicio de custodia será totalmente innecesario, pues el emisor del dinero y las aplicaciones de las billeteras digitales o wallets deberán garantizar esa custodia.

La concesión de créditos hipotecarios y al consumo por parte de los bancos, podría verse rápidamente amenazada por el propio gobierno o el emisor de la CBDC, ya que al contar con el privilegio de acceder a la información económica total de los clientes y empresas y por tanto del riesgo crediticio de los clientes solicitantes, otorgaría una ventaja insalvable para los bancos en una competencia desleal por parte de gobiernos o bancos centrales.

Si las CBDC son implantadas con éxito, los bancos comerciales podrían resultar totalmente innecesarios, la existencia misma de estos bancos, al menos en la forma que hoy los conocemos será dudosa, a menos que el poder político encuentre una manera de entregar parte del beneficio de la intermediación a estos.
Sin duda durante el proceso de implantación de las CBDC, los bancos jugarán un rol todavía necesario, pero previsiblemente innecesario en un futuro próximo, una vez estén implantadas las CBDC.

Es probable que el poder existente tras las instituciones bancarias actuales no sea un aliado fiable a largo plazo del poder político en el proceso de implantación de las CBDC.

Igualmente se suele considerar que los bancos son enemigos de Bitcoin, como un posible dinero futuro, pero esto no tiene por qué ser así.

Los Bancos viven de prestar crédito y servicios financieros a sus clientes, este modelo puede y probablemente será reemplazado por los sistemas de pago de las CBDC, sin embargo, si Bitcoin continua su adopción, este podría ser un tipo de dinero que no necesariamente tiene que acabar con el modelo de negocio bancario.

Muchas personas no desearán asumir la responsabilidad de auto custodiar o aprender la operativa con Bitcoin, los bancos podrían prestar crédito y servicios de compra, venta y custodia de Bitcoin como un respaldo del ahorro que los ciudadanos rechacen mantener en CBDC y tenerlo a salvo de la degradación monetaria acelerada por la implantación de las CBDC y las decisiones arbitrarias de su gobierno.

Según el documento público del Banco de Inglaterra, publicado en Febrero de 2023:
The digital pound: A new form of money for households and businesses?
Referencia:
https://www.bankofengland.co.uk/paper/2023/the-digital-pound-consultation-paper
Contiene información del sector público con licencia Open Government License v3.0

"Se establece que la Libra Digital será una asociación o colaboración público-privada. Las empresas del sector privado, que podrían ser bancos o empresas no bancarias aprobadas, podrían integrarse en la infraestructura central digital de la libra y proporcionar la interfaz entre el Banco y los usuarios. Lo harían ofreciendo billeteras digitales de "portal" a los usuarios

finales. Las carteras podrían integrarse en sus otros servicios. Se conocen como billeteras de "transferencia" (en lo sucesivo, simplemente "billeteras") porque las tenencias de libras digitales del usuario se registran de forma anónima en el libro mayor central del Banco, con el fin de "Proteger su privacidad", y la billetera simplemente pasa instrucciones del usuario al libro mayor principal. Los usuarios finales interactuarían con estas billeteras en lugar de directamente con el Banco.

Los usuarios indispondrán de las libras digitales usando su billetera para ver su saldo e instruir pagos y transferencias de libras digitales. Es probable que la mayoría de las personas accedan a la billetera a través de su teléfono inteligente, pero habría opciones alternativas, como una tarjeta inteligente."

Como se aprecia el sector privado y la infraestructura necesaria para la plataforma de la Libra Digital será aportada al menos en parte por los bancos comerciales y empresas financieras "aprobadas" así como las propias aplicaciones de billeteras y su mantenimiento.

No se puede obviar que todo esto tendrá un coste, si pensamos que la libra digital, incluso con límites de cantidad reducirá la capitalización de los fondos bancarios, así como creará competencia en el negocio de los sistemas de pago, las CBDC no serán bien vistas por los bancos, a menos que ellos obtengan algún beneficio. De una u otra manera ese coste será sufragado por los ciudadanos.

Según el Banco de España, las comisiones brutas por *servicios de pago* representan aproximadamente un tercio de los ingresos por comisiones de los bancos españoles en su negocio en España.

Referencia: INFORME DE ESTABILIDAD FINANCIERA del Banco de España. Primavera 2022.
https://www.bde.es/f/webbde/Secciones/Publicaciones/InformesBoletinesRevistas/InformesEstabilidadFinancera/22/IEF_Primavera2022.pdf

Podemos preguntarnos ¿Cómo podrán los bancos hacer frente a la amenaza o competencia de pagos electrónicos públicos a través de CBDC?
Sin duda una implantación masiva de CBDC tendrá que establecer un nuevo rol de las instituciones financieras con el poder político, al que tendremos que prestar atención en el futuro.

En el mismo documento del Banco de Inglaterra se adelanta, sin mencionarlo explícitamente, que "para salvaguardar la estabilidad financiera" y al menos inicialmente, se establecerán límites a la cantidad de libras digitales que un usuario pueda almacenar en su billetera. Esto obviamente intenta evitar que los ahorradores saquen sus fondos de los bancos para depositarlos en Libras Digitales, lo que provocaría un gravísimo problema a los bancos.

Sin embargo, en la página 17 del documento se añade:
*A diferencia del efectivo, la cantidad de libras digitales que un individuo o empresa podría tener estaría sujeta a algunas restricciones, **al menos durante un período introductorio**. Esto garantizaría una introducción fluida sin consecuencias no deseadas para la estabilidad monetaria o financiera. Esas restricciones aún permitirían a las personas usar la libra digital para sus transacciones diarias, incluida la recepción de su pago. Correspondería a una nueva decisión, a la luz de la experiencia, si esas restricciones deben hacerse **permanentes**.*

En la página 16 se apunta:

La libra digital estaría diseñada para apoyar los compromisos del Gobierno y del Banco para mitigar el cambio climático.

Es decir, está anticipando que habrá restricciones, aunque por supuesto estas serán por causas "bien justificadas"

Más referencias: *Coindesk.com (08-02-2023)*

Las tenencias de libras digitales podrían limitarse a 10K, dice el Banco Central de Inglaterra.

El Banco de Inglaterra ha establecido las características técnicas de su moneda digital del banco central, que según los funcionarios es probable que sea necesaria.

Las características generales de la Libra Digital anunciadas en el documento del Banco de Inglaterra serían las siguientes:

1. *Será un Proyecto en consorcio o asociación Pública y Privada.*
2. *La Libra digital será usada por hogares y empresas.*
3. *La emisión del dinero digital y la plataforma serán operadas por el Banco Central.*
4. *La libra digital será perfectamente intercambiable con otras formas de dinero como efectivo o depósitos bancarios.*
5. *Las Aplicaciones Billetera serán ofrecidas por el sector privado.*
6. *Se usará a través de Teléfonos Inteligentes y Tarjetas.*
7. *Tendrá la protección de la privacidad como las cuentas y tarjetas bancarias, pero NO serán anónimas.*
8. *No se pagarán Intereses.*
9. *El Banco de Inglaterra y el Gobierno no verán ningún dato personal.*
10. *La cantidad de depósito sería limitada, al menos inicialmente*

11. *Sera Accesible para el Reino Unido y no residentes en el Reino Unido.*
12. *Sera utilizable para las compras diarias físicas y por Internet.*

Solamente con un somero análisis de las características anunciadas por el Banco de Inglaterra, podemos encontrar algunas contradicciones altamente sospechosas.

Veamos, las contradicciones o incongruencias:
Número 1: La emisión y la Plataforma serán operadas por el Banco de Inglaterra, pero será un consorcio o asociación Publico-privada (?), además, las Billeteras serán ofrecidas por el sector privado. (?)

Número 2: Tendrá la misma privacidad de las Tarjetas y Cuentas Bancarias, (lo que es igual a privacidad cero); pero NO serán anónimas, además el Banco de Inglaterra y el gobierno no verán ningún dato personal (?)

A pesar de que las CBDC podrían comprometer el futuro de los bancos comerciales o cambiar radicalmente su actividad podrían ser necesarios en los años de transición. Crear una crisis bancaria para hacer desaparecer a todos los bancos pequeños y medianos dejando únicamente unos 5 o 6 grandes bancos en Europa y otros tantos en EEUU sería una estrategia propicia para la implantación forzada de las CBDC.

Y esta estrategia ya se ha podido observar, durante los días iniciales de la crisis bancaria norteamericana con las quiebras de Silicon Valley Bank y Signature Bank la Secretaria del Tesoro de EEUU, Janet Yellen, también ex-Gobernadora de la Reserva Federal, dijo inicialmente, con el objeto de mitigar el pánico bancario, que t*odos* los depósitos serian rescatados, a pesar de superar los 250.000 dólares cubiertos por la Corporación de Seguros de Depósitos norteamericana (FDIC), saltándose toda la legislación y criterios establecidos tras la crisis de 2008.

Sin embargo, a los pocos días cambió sus declaraciones, para afirmar que solo actuarían así, es decir rescatando el 100% de los depósitos, solamente con entidades bancarias "sistémicas", denominadas informalmente como "demasiado grandes para caer", este cambio en sus declaraciones provocó una fuga masiva de depósitos de los bancos pequeños y medianos hacia los grandes bancos.
Los pequeños bancos estadounidenses perdieron 109.000 millones de dólares en depósitos en una sola semana.

Creo que podríamos calificar las primeras declaraciones como tendenciosas y temerarias e imprudentes las segundas, a menos que respondan a una estrategia deliberada para descapitalizar y hacer caer a los bancos pequeños y medianos en favor de los "siete magníficos" grandes bancos norteamericanos, a saber:
JPMorgan Chase, Bank of America, Citigroup, Wells Fargo, Goldman Sachs, Morgan Stanley, y Bank of New York Mellon

El pasado 8 de mayo de 2021 la revista de The Economist publicó un artículo titulado "Un futuro con menos bancos".
The Economist explicaba que para la mayoría de nosotros es difícil imaginar un mundo sin bancos o un mundo sin tantos bancos,
De acuerdo a The Economist el cambio tecnológico está a punto de cambiar la forma en que vemos y percibimos al dinero.

Referencia:
The future of banking | May 8th 2021 | The Economist

En Europa esta estrategia esta también en marcha, incluso con una iniciativa legislativa absolutamente sorprendente, según la cual, cuando un banco sea declarado "en dificultades" sus fondos (pasivos) y sus activos serán "trasladados" íntegramente a otro banco que se considere "sano" para posteriormente proceder a liquidar o fusionar el banco en dificultades.
Este mecanismo de resolución se ha denominado "Herramienta de Institución Puente"

Este mecanismo se saltará toda la legalidad y criterios de actuación establecidos para la resolución de entidades financieras previstas desde 2008, y permitirá controlar una crisis bancaria provocando la desaparición de los bancos pequeños, movimiento que seguramente denominarán con algún nombre conveniente.
Este mecanismo pondría a salvo todos los depósitos de los bancos en dificultades, lo que sin duda será aplaudido por la mayoría de los ciudadanos, que no son conscientes de los peligros que presenta la concentración bancaria.
Obviamente este sería un momento dorado para la introducción de las CBDC.
Aconsejo al lector leer esta iniciativa legislativa que sin duda saldrá adelante, que analistas especializados ya han calificado de "alucinante".

Referencia: Página Oficial de la Unión Europea.
Resolution tools | Single Resolution Board (europa.eu)

CAPITULO 9.
Probable Evolución e Impacto en la Geopolítica y Economía Global.

En la página 16 del mismo documento del Banco de Inglaterra sobre la libra digital se incluye:
*"Aunque una libra digital se diseñaría teniendo en cuenta a los usuarios del Reino Unido, también estaría disponible para los **no residentes** en el Reino Unido."*

Este detalle es de capital importancia para abordar de qué manera influirán las monedas digitales o CBDC en la economía y geopolítica global una vez sean ampliamente implantadas, como se mencionó al principio del libro casi todos los bancos centrales y gobiernos del mundo están trabajando en el desarrollo de una moneda digital.

Actualmente, incluso cuando el tratado de la Unión Europea garantiza el libre tránsito por la Unión de personas, bienes, servicios y capital, los ciudadanos europeos encontramos muchas trabas administrativas para poder abrir una cuenta bancaria en otro país de la Unión Europea.
Utilizar una cuenta bancaria en un país extranjero, aún dentro de la Unión Europea y para un ciudadano de la Unión Europea solo está disponible a través de Servicios de Banca Privada, que por norma general requieren un capital entre los trescientos mil y un millón de Euros.

Sin embargo, es relativamente fácil abrir una cuenta en uno de los nuevos "neobancos". Los neobancos son entidades financieras que operan exclusivamente por internet sin oficinas físicas y ofrecen servicios limitados como cuentas corrientes, tarjetas, transferencias y criptomonedas, pero no ofrecen servicios típicos de los grandes bancos tradicionales como carteras de inversión, crédito al consumo y menos aún crédito hipotecario, es decir no entran en competencia real con el grueso del negocio bancario tradicional.

Estos bancos también suelen tener límites o restricciones para operar con cantidades elevadas, que, aunque pueden resultar ser muy convenientes para sus usuarios, en realidad tratan de restringir el libre movimiento del capital.

Inicialmente cuando se empezaron a popularizar estos bancos ofrecían números de cuentas bancarias (Denominados IBAN en el ámbito de UE) de sus países de origen, como Reino Unido, Alemania, algunos en las Repúblicas Bálticas, etc.; pero las grandes empresas proveedoras de servicios en cada país empezaron a poner problemas para domiciliar los recibos de servicios como telefonía, agua, energía etc.; en cuentas IBAN extranjeras, aun perteneciendo a la Unión Europea, una vez más contraviniendo los principios de libre movimiento de capitales y servicios dentro de la UE, lo que obligó a estos bancos a establecer sucursales "legales" en cada país ofreciendo un IBAN propio para cada país de la UE.

Este cambio tenía varios objetivos, primero mejorar la utilidad de sus servicios a los clientes de cada país, pero en realidad esto esconde que, por poner un ejemplo, las cuentas IBAN españolas aunque sean proporcionadas, por ejemplo por un banco Alemán, son realmente controladas por el Banco Central de España, es decir se trata en realidad de mantener un control nacional del dinero, garantizando que tampoco competirán con el grueso del negocio bancario como el mercado de crédito con los grandes bancos tradicionales de cada país.

Este tipo de operativa en realidad oculta un acuerdo tácito entre bancos, o lo que más bien podríamos denominar como cártel bancario, es decir un acuerdo entre empresas para evitar la mutua competencia en este caso con los servicios bancarios.

Por supuesto hacer acuerdos entre empresas con el objeto de evitar la competencia es también ilegal y contraviene otro de los principios de la UE, como el principio de libre competencia.

Sin embargo, las CBDC podrían cambiar radicalmente y para siempre las relaciones entre clientes, bancos, países y divisas de un modo disruptivo y que solamente podemos intuir haciendo un ejercicio de imaginación sobre las nuevas posibilidades e inconvenientes que podrían crear.

Desde el momento en que se emite una divisa en modo electrónico, las fronteras dejan de existir, su uso en todo el mundo será una característica "de serie".

Si bien el cártel bancario internacional es reacio a permitir la libre competencia en su sector, los emisores de divisas electrónicas CBDC estarán claramente a favor de permitir que ciudadanos extranjeros compren y utilicen su nueva divisa digital, lo que conllevaría una entrada jugosa de divisas extranjeras a los fondos de cada banco central emisor de CBDC.

Desde que China lanzó el Yuan Digital, actualmente en servicio o en pruebas muy avanzadas, se especuló con que sería utilizado como "arma económica" para obtener una supremacía monetaria mundial con el objeto de desplazar al dólar en el comercio internacional, lo que no hizo otra cosa que acelerar el proceso de creación y desarrollo de monedas digitales por parte de todos los bancos centrales del mundo, con una intención clara, promover el uso internacional de su moneda digital.

El control y el poder de emisión de la divisa mundial de reserva otorga un desorbitado privilegio a la nación que la emite, y también algún inconveniente menor.
El mayor poder de los EEUU no es su enorme ejército, sino el enorme poder que le confiere controlar la economía y el comercio internacional a través del dólar.
Sin entrar en profundidad sobre este tema que daría de largo para otro libro, todos los emisores de monedas digitales CBDC estarán interesados en que su divisa digital sea comprada y utilizada por cuantos usuarios lo deseen y puedan pagar por su adquisición.

Imaginemos escenarios probables.

La conversión del yuan chino en una moneda internacional es "una condición necesaria para mantener la paz en el mundo". Así lo sostiene Ju Jiandong, profesor jefe de la Escuela de Finanzas de la Universidad de Tsinghua (Pekín), en un artículo publicado el 28 de febrero en el diario estatal chino Global Times.
El profesor Ju Jiandong, señala que: EE.UU. podría desencadenar guerras para "proteger el dólar" ante el crecimiento económico de China.

Como vemos la "guerra de divisas" no es que sea probable, ya está anunciada.

China en cierto momento abrirá su yuan digital a todos los ciudadanos del mundo, es fácil imaginar que los ciudadanos de todos los países emergentes que se ven obligados a usar sus divisas nacionales y que sufren de una confiscación permanente de riqueza a lo largo de la historia en modo de inflación, prefieran inmediatamente empezar a comprar, vender y a ahorrar en yuanes digitales.

Pensemos en escenarios geográficos con países poco desarrollados en África, Asia, o Iberoamérica, si usted fuera un ciudadano de Liberia, Ghana, Ecuador, Nicaragua, Argentina, Turquía, el Líbano…. La lista sería enorme, ¿Que moneda preferiría usar, su moneda local que con la inflación le roba el valor desde el momento de recibirla, o preferiría ahorrar en una divisa más fuerte que preserve su valor?

Al momento de escribir este libro, principios de 2023, la inflación anual que sufren los Argentinos está ya en torno al 100%, esta situación en algunos países aún peor, en otros algo mejor es la normalidad, si exceptuamos los países desarrollados que tienen las divisas convertibles como el dólar Norteamericano, el Euro, la Libra Británica, el Yen Japones, el Yuan Chino etc., las monedas locales se convierten en una máquina de confiscación permanente de la riqueza.
De hecho, esta confiscación en los países desarrollados también ocurre, solo que este proceso es más lento, salvo en momentos como el actual donde el dato de inflación convenientemente maquillado por los gobiernos ha alcanzado dos dígitos en Europa.

¿Como puede un trabajador Argentino ahorrar cierta cantidad de dinero para su retiro, o simplemente para gastos imprevistos?
En cuanto los Estados Unidos comiencen a desplegar sus Dólares Digitales para ciudadanos extranjeros y lo harán sin

duda azuzados con urgencia para contener el despliegue del Yuan digital por el mundo, cualquier trabajador argentino cambiará inmediatamente su salario mensual en Pesos Argentinos a Dólares digitales, preservando algo mejor de este modo el valor de su trabajo.

Pronto descubrirá que el panadero o el supermercado y la gasolinera de su barrio, hacen lo mismo, y acordará con ellos pagar el pan, la comida o la gasolina directamente en dólares digitales sin necesidad de volver a cambiarlos por pesos argentinos.

Con este ejemplo, aún imaginario, pero altamente probable, podemos prever un escenario en el que las divisas CBDC fuertes podrían provocar literalmente una "extinción masiva" de las divisas nacionales débiles.

¿Podrá evitar el gobierno Argentino que sus ciudadanos utilicen el dólar digital en detrimento del peso argentino?

Un uso masivo del dólar digital llevará a la irrelevancia al Peso Argentino y a muchas divisas nacionales débiles.

¿Qué cambios políticos podríamos esperar generados por la disrupción de las monedas digitales CBDC en todos los países con divisas débiles?

Se producirá sin duda una guerra mundial de divisas, guerra que siempre ha existido, pero que el dinero físico, las fronteras y la operativa bancaria han frenado o más bien ocultado.

Siempre han existido paraísos fiscales y países que utilizando su desarrollada industria financiera se han caracterizado por proveer Servicios Financieros Offshore*, tanto legales como no legales a clientes acaudalados, sin duda el mejor ejemplo de esta práctica es el Reino Unido, con su multitud de jurisdicciones extraterritoriales, pero también países como Suiza, Países Bajos, Irlanda, Luxemburgo, etc.

Alguno de estos países, pongamos como ejemplo Suiza, podrían estar altamente interesados en ofrecer servicios financieros y seguridad jurídica a los usuarios extranjeros de su moneda Digital.
Suiza estaría muy interesada en ofrecer su Franco Suizo digital a todo aquel que pueda comprarlo.
Si un ciudadano de España, Italia o Grecia ve como el Euro pierde valor rápidamente, o desconfía de la solvencia de su país o gobierno, probablemente deseará mantener una parte de sus ahorros en Francos Suizos Digitales.
Desde luego también existirá la posibilidad de descubrir que quizás los comercios locales en España o Italia empecen a aceptar Francos Suizos digitales en vez de Euros.
¿Podrá el poder político local detener el uso de monedas digitales extrajeras?

Podemos extrapolar esta posible guerra de divisas digitales al mundo entero, no cuesta mucho imaginar una guerra monetaria en África donde el Yuan Chino se convierta en la divisa prevalente, o en el frente de Iberoamérica, una guerra entre el Dólar digital y el Yuan digital.
Otro efecto aun por medir es como el uso del dinero digital afectará a los proveedores de medios de pago, todos los utilizados en occidente de origen Estadounidense, estos serán prácticamente innecesarios, a menos que se adapten a las nuevas circunstancias, ofreciendo nuevos servicios.

Es muy probable que surjan servicios de intercambio entre divisas digitales CBDC, o entre Bitcoin y CDCB. Estoy seguro que al igual que ya hoy existen tarjetas y aplicaciones de

Billeteras multi divisa y multi criptomonedas de empresas Fintech* estas permitirán mantener nuestro dinero en diversas CBDC o en criptomonedas, intercambiando automáticamente entre ellas según nuestra conveniencia o recargando tarjetas inteligentes prepago desde cualquiera de estas CBDC o desde criptomonedas.

Si bien cada uno de estos cambios tiene aparejada una comisión, piense ahora que un ciudadano Argentino pagará con gusto un 3% de comisión, si con ello evita la pérdida de valor del 50% del Peso Argentino, con una inflación anual del 100%

Hay multitud de circunstancias que podrían resultar terribles con la puesta en circulación de las monedas CBDC.

Imaginemos que, solo inicialmente, los Estados Unidos restringen el uso de los dólares digitales exclusivamente para los ciudadanos norteamericanos, y dejan de emitir o eliminan de la circulación el dinero físico.

Millones de personas especialmente en países emergentes e Iberoamérica, mantienen sus ahorros y utilizan los billetes de dólares diariamente, todos ellos podrían encontrarse de un día para otro con que sus billetes ya no son aceptados, o simplemente que el emisor de dólares digitales no permite adquirir los nuevos dólares CBDC si no se dispone de la ciudadanía estadounidense, o una cuenta bancaria denominada en dólares, caso altamente probable.

Si todos los dólares en billetes en circulación por el mundo volvieran a los Estados Unidos provocarían una hiperinflación que podría arruinar su economía, la transición a digital podría aprovecharse para eliminar este riesgo con consecuencias terribles para los poseedores de dólares físicos de países emergentes.

Desde el punto de vista Geopolítico, la destrucción potencial de las divisas nacionales débiles, podría a su vez provocar la caída de los gobiernos de muchos países que se sustentan meramente por la imposición de una moneda local.

Por supuesto se crearán zonas de influencia monetaria según la CBDC prevalente en cada región del mundo.

Sin embargo, los países emergentes también podrán tener su CBDC. Existe ya un mecanismo por el cual aquellos países pobres o poco desarrollados podrían disponer de una moneda CBDC.

El proyecto mBridge* es una iniciativa liderada por China para crear una plataforma de pago internacional basada en monedas digitales de bancos centrales (CBDC). El proyecto involucra a los bancos centrales de China, Hong Kong, Tailandia y Emiratos Árabes Unidos, así como al BIS* o Banco de Pagos Internacionales.

El objetivo del proyecto es facilitar las transacciones transfronterizas entre las economías participantes y mejorar la eficiencia y seguridad de los sistemas de pago. El proyecto mBridge se considera un paso importante para la internacionalización del Yuan Digital y una posible alternativa al dólar estadounidense como moneda de reserva mundial.

Este proyecto proporcionaría a países con poca infraestructura la emisión de una CBDC "personalizada" que funcionaría de este modo:

Un país poco desarrollado, pero con ciertos recursos naturales o con reservas de divisas u oro podría acudir al BIS* y aportado esas reservas de divisas, oro, o comprometiendo sus recursos naturales podría obtener la emisión de una CBDC personalizada por el valor de las reservas aportadas, con una tasa de cambio prefijada.

Referencias:
Acuerdos multi-CBDC, el futuro de los pagos transfronterizos.
https://www.bis.org/publ/bppdf/bispap115.htm

Project mBridge:
https://www.bis.org/about/bisih/topics/cbdc/mcbdc_bridge.htm
Bank for International Settlements (https://www.bis.org)

Bank for International Settlements (BIS) es una institución financiera internacional, tiene su sede en la ciudad Suiza de Basilea, y pertenece a los bancos centrales de diferentes países, tiene como objetivo fomentar la cooperación monetaria y financiera internacional y servir como banco Central para los Bancos Centrales nacionales.

El BIS también desarrolla soluciones públicas en el espacio tecnológico para apoyar a los bancos centrales y mejorar el funcionamiento del sistema financiero a través de su Hub de Innovación Tecnológica.

El BIS promulga o impone de facto las normas que rigen todo el sistema bancario Mundial.

CAPITULO 10.
Aplicación en la Vida Real. Control, Vigilancia, y Restricción a las Libertades.

El uso como herramienta de vigilancia de las monedas digitales CBDC en combinación con otras herramientas de control, así como las redes sociales, el uso del teléfono móvil con geolocalización por defecto, el reconocimiento facial y de placas de matrículas en automóviles, plantean una amenaza que muchos ciudadanos desean ignorar y prefieren pensar que no serán puestas en marcha, pero presagian un mundo distópico y Orwelliano, peor aún que el descrito en su famosa novela "1984".

Este proceso promovido por los medios de des-información puede llevarse a cabo en pasos, poco a poco como describe la teoría política la Ventana de Overton.

La ventana de Overton es una teoría política que describe cómo en varias fases (o una ventana de tiempo) puede transformarse la opinión social para que una idea que, inicialmente resulta totalmente inaceptable, pueda finalmente y de manera progresiva ser introducida y aceptada por la sociedad.

Solo un ejemplo; aunque en la antigüedad existían los salvoconductos para moverse por diferentes reinos o países no fue hasta después de la segunda Guerra Mundial cuando se estableció la obligatoriedad de disponer de "un permiso" o pasaporte para viajar.

En la última parte del siglo XIX y hasta la Primera Guerra Mundial, en general, no se requería pasaporte para los viajes dentro de Europa, y el cruce de las fronteras era fácil.

Pocas personas tenían pasaporte, y estos eran muy simples, únicamente incluían una descripción del titular del pasaporte. Cuando el uso de la fotografía se extendió en las primeras décadas del siglo XX, estas comenzaron a ser adjuntadas en los pasaportes.

Durante la Primera Guerra Mundial, los gobiernos europeos introdujeron este tipo de documentos por razones de seguridad y para controlar la emigración de los ciudadanos con capacitación o habilidades útiles para la guerra, manteniendo la mano de obra potencial dentro de sus fronteras. Estos controles se mantuvieron después de la guerra, y se convirtieron en un procedimiento estándar.

En 1920, la Sociedad de Naciones, precursora de la ONU, celebró una conferencia sobre los pasaportes y los billetes, y como resultado surgieron unas directrices que fueron desarrolladas por las conferencias de 1926 y 1927. Por último, la normalización de los pasaportes se produjo en 1980, bajo los auspicios de la Organización de Aviación Civil Internacional (OACI).

Hoy nadie se plantea porqué los ciudadanos debemos pedir al gobierno que nos expida un pasaporte, en esencia un permiso para poder viajar, es algo tan asumido que ni siquiera nos planteamos el porqué de este permiso administrativo.

La vigilancia absoluta no es más que el primer paso, con la información obtenida de diversos modos y principalmente del uso, origen y destino de nuestro dinero, serán los gobiernos los que ejecutarán sus facultades de control, no el emisor de ese dinero digital, que en Europa sería el BCE.

Los gobiernos no solo podrían ver todos y cada uno de los movimientos de nuestras billeteras digitales, tendrían la potestad legal de congelar, confiscar, cobrar los impuestos actuales y futuros, retener determinados fondos, revertir transacciones, cobrar las sanciones por el incumplimiento de cualquier regulación de modo efectivo e inmediato, así mismo podrían poner fecha de caducidad al dinero recibido, impidiendo o limitando el ahorro con la excusa de promover el consumo y la actividad económica, así como imponer límites de gasto por productos en función de criterios arbitrarios "siempre por nuestra salud" o en función de nuestra huella de Carbono, "para salvar al planeta".

Podrían imponer intereses negativos a su dinero dependiendo del puntaje social de cada ciudadano, según un índice de obediencia, que se denomina "crédito social" ya en vigor en China

Obviamente en los países llamados "democráticos" esta denominación será cambiada por algún nombre más amigable como índice de cumplimiento de los criterios ESG.

"Interés negativo" es un eufemismo para ocultar un impuesto al ahorro, en lugar de remunerar con cierto interés los depósitos de los ahorradores, estos podrían ser penalizados con el objetivo de animar al consumo y dinamizar la economía.

El acrónimo ESG significa: Environmental, Social and Governance en idioma inglés, o: Ambiental, Social y de Gobierno en español.

Los criterios ESG son los factores ambientales, sociales y de buen gobierno que se utilizan para evaluar el impacto y la responsabilidad de las empresas o individuos promovidos por el World Economic Forum.

Estos criterios son cada vez más usados para forzar a empresas a cumplir con estos criterios establecidos en la Agenda 2030 publicada igualmente por el World Economic Forum, ya que de lo contrario los gigantes de gestión de capitales no proporcionarán inversión, si no se cumple con estos factores.

Varios estados de los Estados Unidos han prohibido a sus fondos públicos respectivos y de pensiones públicas estatales invertir en fondos de gestión de activos que traten de imponer estos criterios ESG, por haberse demostrado claramente ser contraproducentes para el beneficio de los inversores.

Los fiscales generales de 19 estados escribieron una carta al director general de la compañía Black Rock, Laurence D. Fink, advirtiéndole de que las políticas de inversión ESG de BlackRock podrían suponer una «violación rampante» de la regla del interés único, un principio legal que exige que los fiduciarios de inversiones actúen «para maximizar el rendimiento financiero, no para promover objetivos sociales o políticos».

Referencias:

Las tormentas políticas que se ciernen sobre la ESG » Social Investor (finanzas.com)
https://www.finanzas.com/esg/industria/tormentas-politicas-esg/

Los republicanos intensifican una campaña dirigida en contra del ESG para año 2023 (larepublica.co)

Utilizar la coacción financiera y económica se ha convertido
en un arma política, pero la experiencia histórica demuestra
que cuando la economía se rige por factores políticos y no
económicos siempre acaba en desastre.

Otra de las posibilidades del uso del dinero digital CBDC sería
hacer efectiva cualquier "sanción" contra cualquier producto,
marca, empresa o país que sea designado como hostil,
impidiendo las transacciones con una lista negra de
individuos, empresas o países que el gobierno considere
"sancionados".
Debemos entender que el termino eufemístico "sanción"
significa realmente boicot.

Será especialmente fácil bloquear cualquier transacción fuera
del ámbito geográfico que su gobierno considere oportuno
para usted, confinando de este modo a los ciudadanos en su
distrito postal, población, región o país, según los permisos de
movimiento que le hayan concedido.

Ya comienza a plantearse como primer paso en la ventana
temporal de Overton el nuevo concepto de "las ciudades de
15 minutos".
Ciudades o distritos en los que un ciudadano promedio
debería poder satisfacer todas sus necesidades sin
desplazarse a una distancia mayor de 15 minutos a pie, o en
bicicleta, el automóvil propio será un lujo, ahorrando de este
modo energía para "ayudar a salvar al planeta"

La ventana temporal de Overton con las ciudades de 15 minutos, podría implantarse así:

Primer Año, este 2023.
Se publicita por los medios de des-información masivos, lo bueno que sería para el planeta no hacer desplazamientos de más de 15 minutos, si en su distrito puede satisfacer todas sus necesidades.

Segundo Año
Para continuar salvando al planeta se impondría un pequeño peaje, que sería automáticamente descontado de nuestra billetera CBDC, si su teléfono móvil o su automóvil fuera detectado más allá de su área de 15 minutos desde tu residencia.

En España ya se están instalando en las carreteras los sistemas automáticos de identificación de vehículos para el pago del nuevo impuesto o peaje por el uso de las carreteras.

Tercer Año.
Como no se habría logrado la reducción esperada por el gobierno en el número de desplazamientos, será necesario solicitar un permiso administrativo justificando adecuadamente la causa de cualquier desplazamiento más allá de la distancia de su zona de 15 minutos.
Si es identificado por su teléfono, automóvil o el uso de su billetera CBDC fuera de su área, se le cobrará automáticamente una sanción ecológica, por su falta de ética medioambiental.
El importe de las sanciones se iría elevado con cada infracción.

Finalmente, su permiso de conducción sería revocado y su automóvil, si aún lo conserva, confiscado por el bien del planeta.

Esta propuesta de "las ciudades de 15 minutos" promovida desde los nuevos dogmas del mismo World Economic Forum no son en realidad nada nuevo, eso se llama Prisión en Régimen Abierto, aunque siempre habrá tiempo para convertirlo en Régimen Cerrado, bastaría un clic para desactivar nuestras billeteras CBDC más allá de esos 15 minutos desde nuestra residencia.

Las restricciones horarias o de calendario para poder usar su dinero o comprar determinados productos también serán posibles y fácilmente implementables.

Las diferencias económicas, fiscales y de déficit público de los países más endeudados de la Unión Europea previsiblemente crearán dificultades de gestión monetaria y fiscal, lo que últimamente se ha venido en llamar "Riesgo de Fragmentación Europea".

Pues bien, la utilización del control CBDC podría aplicarse fácilmente para crear en la práctica, lo que desde hace años, especialmente durante la grave crisis de deuda de Grecia que amenazaba la unidad de la Unión Europea, un Euro a "Diferentes Velocidades", una vez más un expresión eufemística para dividir el Euro, la moneda única en diferentes monedas a la carta, con reglas fiscales y control de capitales, que si bien están prohibidos por el Tratado de la Unión se llevarían a cabo fácilmente por los gobiernos o la Comisión Europea.

Esto podría provocar que los euros españoles de mi aplicación o billetera CBDC española, pudieran no ser libremente usados en otros países europeos con menor déficit fiscal o menor deuda pública como Alemania o Países Bajos, y viceversa, sin aplicar alguna tasa correctora, es decir el valor de un euro digital español no necesariamente tendría que ser igual al de un Euro Digital Alemán, destruyendo de facto la unión monetaria.

Llegado el caso de una quiebra a nivel Nacional de uno de los estados miembro de la Unión Europea, *riesgo no solo posible, sino altamente probab*le, tanto la Unión Europea como el gobierno nacional de turno podría realizar una incautación de nuestros ahorros de forma general, fácilmente y de manera efectiva e inmediata en nuestras billeteras, con el objeto de realizar un Bail-in* o Rescate Interno a nivel nacional.

Este caso está ya contemplado, por ejemplo, en la ley Española de "Seguridad Nacional", término que sirve a los gobiernos para ejecutar legalmente cualquier acción que el resto de leyes no permite, pues invocando la "Seguridad Nacional" todos los demás preceptos legales, derechos y libertades pueden ser conculcados.

Las posibilidades técnicas para el control absoluto sobre los ciudadanos son de tal calibre que deberían hacernos reflexionar si debemos aceptar con sumisión o bien deberíamos oponernos a las monedas digitales CBDC.

Obviamente este control no será puesto en marcha inmediatamente, sino que esperaran a la desaparición definitiva del efectivo en la práctica o cuando el efectivo sea prohibido por ser empleado únicamente por delincuentes.

Esta situación podría precipitarse en el caso de un caos bancario internacional, o un reinicio monetario, donde las CBDC serían implantadas sin duda.

Llegados a esta situación, el control del gobierno será absoluto.

Referencia: Crisis bancaria acelera el lanzamiento de FedNow y del dólar digital en EE. UU.
https://www.criptonoticias.com/finanzas/crisis-bancaria-acelera-lanzamiento-fednow-dolar-digital-eeuu/

La Reserva Federal anunció el lanzamiento de FedNow, un sistema de pagos instantáneos que funciona 24/7, para el próximo mes de julio de 2023.

La guerra del poder político contra el dinero en efectivo está ya muy avanzada, especialmente en países como España, donde es ilegal*, comprar o vender nada que supere mil euros con dinero en efectivo.

Boletín Oficial del Estado del 10 de julio de 2021 se publicó la Ley 11/2021, de 9 de julio, de medidas de prevención y lucha contra el fraude fiscal.

Así mismo es obligatorio declarar los movimientos de entrada o salida de España de cantidades en efectivo iguales o superiores a 10.000 euros. Incluso es obligatorio declarar los movimientos de dinero en efectivo por el interior de España cuando la cantidad supere los 100.000 euros.

Las transferencias bancarias mayores de 10.000 euros también deben ser declaradas, y este límite también es aplicado a los retiros en Cajeros Automáticos.

Para declarar estas transferencias, es necesario presentar el formulario S1 en la Agencia Tributaria, y aportar documentación tanto de la persona que la envía, como de quién recibirá el dinero. Asimismo, será necesario "aclarar la finalidad" del envío de dinero.

Referencia:
Estas son las transferencias que hay que declarar a Hacienda (larazon.es)
https://www.larazon.es/economia/20211008/ooakavcmgzd bvmvm47lqjsakj4.html

Deberíamos preguntarnos, si mi dinero es mío, ¿Por qué ahora ya no puedo pagar nada de más de mil euros con dinero de curso legal?
Si mi dinero es mío ¿Porque debo declarar al gobierno y dar explicaciones de que hago con mi dinero?

Afortunadamente ya hay ciudadanos que se han dado cuenta del peligro:

Ginebra, 06 febrero 2023. Los suizos decidirán en una votación popular si debe quedar inscrito en la legislación que la economía nunca se volverá completamente virtual y que siempre podrá utilizarse dinero en efectivo.

Referencia:
Suizos votarán iniciativa para que siempre se pueda usar dinero en efectivo - SWI swissinfo.ch
https://www.swissinfo.ch/spa/suiza-dinero_suizos-votar%C3%A1n-iniciativa-para-que-siempre-se-pueda-usar-dinero-en-efectivo/48263436

CAPITULO 11.
Otras Historias del Dinero.

Siendo consciente de las razonables preocupaciones que genera la implantación de las monedas CBDC y la segura desaparición del dinero en efectivo, deberíamos platearnos las siguientes preguntas.

¿Podemos evitar la implantación de las monedas digitales?

La respuesta rápida para esta pregunta es NO.
El atractivo que generan las posibilidades de control monetario, económico y social, es tan enorme que el poder político difícilmente pasara por alto la oportunidad.

¿Podemos retrasar la implantación de las CBDC?

Me temo que tampoco, como hemos apuntado anteriormente el 90% de los Bancos Centrales de todo el Mundo están trabajando aceleradamente para implantar las monedas digitales de Banco Central.
El calendario más probable es: En segunda mitad de 2023 primeras pruebas públicas, en 2024 despliegue inicial, y en 2025 implantación masiva.

Existen, ahora en 2023, un puñado de países con monedas digitales CBDC, ya en circulación, las dos más importantes son Nigeria con su e-Naira y China con su e-CNY.

En Nigeria la implantación de su CBDC, la e-Naira podemos calificarla como decepcionante, el país más poblado de África ha experimentado un rápido desarrollo socioeconómico, a pesar de contar con un poder político digamos "no muy transparente".

La e-Naira cuenta con una tasa de uso de apenas el 0,5%, debido a la total desconfianza de los ciudadanos Nigerianos hacia su Gobierno.

Babatunde Obrimah, director de operaciones de la Asociación Fintech de Nigeria, cree que los ciudadanos especialmente la generación más joven, ven al regulador gubernamental como hostil hacia ellos y, por lo tanto, no tienen interés en nada de lo que introduce.
Referencia: https://es.beincrypto.com/e-naira-derrotado-adopcion-privada-cripto-africa-aparentemente-no/

Protestas por falta de efectivo en Nigeria dejan un herido.
ABUYA, Nigeria (AP) — Nuevos enfrentamientos registrados el martes entre manifestantes y fuerzas de seguridad en el sur de Nigeria dejaron al menos una persona herida, en medio de las manifestaciones por la escasez de dinero en efectivo provocada por la decisión de este país de África Occidental de retirar con rapidez sus antiguos billetes.
Referencia:
https://www.publimetro.com.mx/noticias/2023/02/08/protestas-por-falta-de-efectivo-en-nigeria-dejan-un-herido/

Se da la circunstancia que Nigeria es uno de los países donde Bitcoin es más conocido y usado, para sortear los problemas regulatorios y la ineficiencia bancaria y de su divisa física.

Un 35% de los nigerianos usó o tuvo Bitcoin a principios del 2022.

El Gobierno de Nigeria espera que su moneda digital nacional o CBDC, la eNaira, reciba más atención, después de que entre en vigencia un recorte del efectivo disponible en cajeros automáticos, en un país donde bitcoin gana cada vez más adeptos.

Un reciente comunicado de prensa del Banco Central de Nigeria (CBN) detalla que, a partir del 9 de enero del 2023, los cajeros automáticos en el país se permitirá retirar un máximo diario de 20.000 Nairas, que equivalen a unos 45 Dólares.

El límite diario para retiros en cajeros, era 150.000 Nairas, unos 337 Dólares, lo que implica una disminución del más del 80%.

Referencia:
Nigeria refuerza el uso de su moneda digital mientras sus habitantes prefieren bitcoin.
https://www.criptonoticias.com/regulacion/nigeria-refuerza-uso-moneda-digital-habitantes-prefieren-bitcoin/

Como ya vemos y seguramente experimentaremos también en Europa, si la impanación y uso de CBDC no es aceptada, o no satisface el calendario de los gobiernos, comenzará la fase coercitiva, y el poder político tiene todo tipo de herramientas para ejercer la fuerza que sea necesaria.

En el caso de China, un pueblo acostumbrado a obedecer al omnímodo poder del gobierno, quizás debido al sesgo cultural de anteponer el bien común al personal, lo que les diferencia de la cultura occidental, la tasa de adopción ha sido también decepcionante.

El Banco Popular de China ha publicado un informe de sus estadísticas financieras, en el que incluye el yuan digital, o CBDC en las métricas de los últimos 12 meses.

Según estos datos, el Banco Central ha indicado que hay 13.610 millones de yuanes digitales (2.000 millones de dólares) en circulación a finales de 2022, lo que representa un incremento del 15,3% sobre el año anterior.

A pesar de este incremento, esto solo representa el 0,13% del total de moneda fiduciaria en circulación. El informe de Estadísticas Financieras 2022 señala que el yuan digital en circulación no provocó "cambios notables" en los datos.
Referencia:
El uso del yuan digital se amplía en un 15,3% en 2022, según el banco central de China
https://www.bolsamania.com/noticias/criptodivisas/uso-yuan-digital-amplia-153-2022-banco-central-china--11977618.html

La razón de la pobre tasa de uso del Yuan digital se debe principalmente a que en China ya estaban masivamente implantados los pagos digitales con el teléfono, a través de las populares aplicaciones de pago de AliPay, empresa del gigante electrónico Alibaba, y WeChat, la más popular aplicación de mensajería instantánea en China.

Estas aplicaciones son tan populares y de uso tan extendido que prácticamente son el método de pago preferido, y como ya comentaba en el capítulo uno, la primera pregunta que se harán los usuarios ante la llegada de las monedas CBDC será, ¿Qué ventaja me aportarán las CBDC sobre los sistemas electrónicos que ya uso?

Por esta razón y también porque estas empresas estaban entrando en el mercado financiero, concediendo créditos rápidos desde el teléfono, sin ser realmente bancos, el gobierno chino decidió acotar su actividad empresarial con medidas estrictas.

Estos gigantes tecnológicos chinos cuentan con ventajas, ya que tienen toda la información y por tanto la valoración del riesgo crediticio de sus clientes y podían emplear el dinero depositado por sus usuarios en sus aplicaciones de pago, para, usando la conocida técnica de Reserva Fraccionaria conceder créditos.

Solamente WeChat tiene 900 millones de usuarios diarios en China, y 1.200 millones en todo el mundo, eso sería una dura competencia para los bancos.

En Noviembre de 2020 la empresa Ant Financial, propiedad de Alibaba, quería a salir a Bolsa en Shanghái, como la mayor salida a bolsa de la historia, sin embargo, su permiso fue revocado.

Al parecer podría volver a solicitar la mayor Oferta Pública Inicial, que es proceso formal regulado para que una empresa empieza a vender sus acciones en Bolsa, este mismo año 2023.

Las grandes empresas tecnológicas hace tiempo que desean entrar en el negocio financiero, especialmente Amazon, Google y Apple.

Se conoce que Google posee una licencia Bancaria en Lituania, que le daría acceso a toda la Unión Europea, y tiene varias licencias más como entidad de medios de pago, por ejemplo, en Irlanda.

Con este nuevo permiso, Google Payment Ireland podrá, por ejemplo, gestionar tarjetas de crédito, efectuar transferencias de dinero "online" de usuarios y operaciones de cambio de divisas.

También tendrá competencias para ofrecer a clientes análisis detallados de sus patrones de consumo, a fin de diseñar planes financieros y presupuestarios personalizados a partir de la información de sus bases de datos.

Apple y Amazon también poseen licencias Bancarias en la Unión Europea, que les permiten operar como bancos en toda la Unión.

Estas empresas, disponen del capital, toda la información de sus usuarios, así como la imagen corporativa para convertirse en una competencia que podría canibalizar fácilmente todo el negocio bancario Europeo, el tiempo lo dirá.

Debo confesar que soy cliente de las tres empresas tecnológicas mencionadas, y desde el punto de vista de usuario, cualquiera de ellas me aporta más confianza que cualquiera de los Bancos Europeos.

Sin duda el negocio bancario esta asediado por múltiples posibles enemigos, no solo las CBDC sino los gigantes tecnológicos, todos ellos ya con plataformas de pago muy convenientes y populares para sus usuarios.

Conocidos los más que probables problemas de las CBDC, y estando familiarizados con las plataformas de pago como Google Pay, Apple Pay o Samsung Pay, ¿Qué ventajas nos podrá ofrecer el Banco Central?

Al fin y al cabo, los bienes y los servicios deben competir, y solo los más eficientes y convenientes tendrán éxito, y las CBDC no solo deberán competir con las empresas de pagos, la tecnológicas, la banca tradicional y las Fintech o Neobancos, también deberán competir entre ellas.

El poder político centralizado encontrará alguna excusa para prohibir a los ciudadanos de la Unión Europea el uso del Yuan Digital o el Rublo Digital, o al menos lo intentarán.

¿Pero que excusa podrían poner para boicotear al Dólar, Libra o Francos Suizos Digitales?

"No tener todos los huevos guardados en la misma canasta" es la primera regla de una buena práctica financiera.

Otras historias del Dinero.

El "señoreaje" neocolonial del Franco CFA.

El Franco CFA es, desde hace 75 años, la moneda utilizada en catorce países africanos, casi todos ellos antiguas colonias francesas, y está su vez dividido en dos, para África Occidental (XOF) y para África Central (XAF)

A saber: Benín, Burkina Faso, Costa de Marfil, Guinea Bisáu, Malí, Níger, Senegal y Togo en África occidental; y Camerún, República Centroafricana, Chad, República del Congo, Guinea Ecuatorial y Gabón en África central.

Las siglas de esta moneda corresponden a "Comunidad Financiera Africana", aunque en el momento de su creación significaban "Comunidad Francesa de África".

Cabe señalar que en Abril de 2022, la República Centroafricana declaró Bitcoin como moneda de curso legal conjuntamente con el Franco CFA.

Este es el segundo país en hacerlo después de El Salvador que estableció Bitcoin como moneda de curso legal en Septiembre de 2021.

En sus orígenes, el franco CFA era una moneda colonial impuesta desde la metrópoli, y todavía hoy París retiene una gran influencia en los países que la utilizan.
Esta moneda es emitida por el Banco de Francia, y tiene un cambio fijo con la moneda que use Francia, inicialmente el Franco, en la actualidad el Euro.
Para disponer de esta moneda, los bancos centrales de estos países deben mantener el 50% de sus reservas depositadas en el Tesoro de Francia, así mismo son obligados a comprar deuda pública Francesa, y el Banco de Francia tiene en la práctica derecho de veto sobre las decisiones de política monetaria de los bancos centrales de estos países.

Existe una polémica internacional acerca de la política de neocolonialismo de Francia con sus excolonias que crece con el tiempo.
No es difícil imaginar que, debido a la creciente influencia de China en toda África, por un lado, como el rechazo hacia la antigua metrópoli por otro, convertirá a estos países en terreno abonado para la utilización masiva del Yuan digital, con la desaparición de facto de la ya decadente divisa el Franco CFA.

Referencias:
¿Qué es el franco CFA y qué países lo utilizan?
https://www.smallworldfs.com/es/blog/que-es-el-franco-cfa-y-que-paises-lo-utilizan

Franco CFA.
https://es.wikipedia.org/wiki/Franco_CFA#:~:text=Ambos%2 0francos%20CFA%20tienen%20un,%3D%20F.CFA%20655%2 C957%20exactamente.

El modelo y funcionamiento del Franco CFA es un claro ejemplo práctico de como el emisor de una moneda fíat, adquiere un enorme poder, que muchos economistas y analistas califican como un fraude Ponzi*, o como un neo-feudalismo.

Hemos abordado los peligros asociados a las CBDC como el control absoluto de los ciudadanos y la economía, así como las posibles restricciones a las libertades, pero el peligro más básico es simplemente que una CBDC no solo potencia lo peor del control político de la sociedad, sino que además sigue siendo una moneda fíat.

Y ya sabemos que una moneda fíat no está respaldada por nada, su emisión no tiene límite, por lo que su valor tiende a valor cero.
Todas las monedas fíat terminan su ciclo de vida con un reseteo o reinicio monetario.

Un reinicio monetario, o de una divisa, es un proceso en el que se introduce una nueva moneda para reemplazar la existente, generalmente en tiempos de profundas crisis financieras y sociales.
Por lo general, sucede cuando el público ha perdido la confianza en la moneda, lo que lleva a una caída del tipo de cambio, o cuando un país está experimentando una hiperinflación y/o una quiebra.

La causa de una moneda en quiebra a menudo está relacionada con el sobreendeudamiento del gobierno y la percepción de que este ha perdido la capacidad de pagar lo que debe.

Leído lo anterior, observamos que las circunstancias que se mencionan son tan comunes a todos los países y monedas fíat actuales que nos llevan a pensar en un colapso del sistema monetario fíat no muy lejano.

Esta percepción, junto con al gasto excesivo y una incapacidad manifiesta para aumentar los impuestos, ya asfixiantes para la economía de los individuos, empresas y países, puede conducir a una pérdida de confianza en la moneda y hacer que sea más probable un reinicio.

Los procesos de reinicio de la moneda varían cada vez, pero generalmente implican cambiar la moneda anterior por una nueva. Posiblemente se permita a las personas cambiar algunos de sus billetes de banco antiguos por otros nuevos, o por CBDC hasta cierto límite, al igual que los saldos bancarios, rara vez será de 1:1 especialmente con saldos grandes, lo que de hecho constituye una confiscación de riqueza.

Un punto crucial que no debemos ignorar es que partimos de la premisa de que las CBDC se corresponderán 1:1 con el actual dinero físico y de apuntes bancarios, pero en el caso de una crisis bancaria, de deuda y monetaria sistémica, en medio de una grave crisis económica y social se podría decidir la ruptura de la paridad de las CBDC con el dinero "viejo", y se podría establecer de la noche a la mañana una paridad distinta, por ejemplo 2 unidades monetarias actuales por 1 en CBDC, vendiendo esta decisión como "necesaria", exactamente como se hizo en el reinicio del marco Alemán al terminar la segunda guerra mundial, que ya mencione en la página 42.

Sin duda se trataría del robo y confiscación de riqueza más grande y jamás conocido antes en la historia de la humanidad. Pero en un reinicio monetario no sería nada nuevo, esa estrategia es prácticamente común a todas las crisis y reinicios monetarios.

Durante las crisis de reinicio monetario las corporaciones también pueden recibir un trato "diferente" de los individuos. Se pueden aplicar reglas especiales a ciertos tipos de instituciones, como bancos, fondos de pensiones, gobiernos extranjeros, instituciones internacionales, agencias gubernamentales y el propio gobierno.

Los bonos* y los fondos* del mercado monetario no se podrán convertir, pues constituyen el grueso de la deuda que la moneda fallida no ha podido pagar.

Los bonos de empresas, las hipotecas, los préstamos y las deudas privadas pueden permanecer en la moneda antigua, o ser convertidos a la nueva, frecuentemente con normas "elásticas" a medida el sector financiero y el poder político y de turno.

La nueva moneda vendrá con la promesa "garantizada" de que está vinculada a algo valioso, y se prometerán "salvaguardas" para garantizar que la pérdida de valor observada en la moneda fallida anterior, nunca vuelva suceder.

Siendo observador de las crecientes tensiones geopolíticas entre los países occidentales, por un lado, y el grupo de países que conforman los BRICS, parece evidente que vamos hacia una fragmentación económica y que terminará afectando al sistema monetario mundial, para conformar un nuevo mapa, de lo que se empieza a denominar como un mundo multipolar, en contraposición al actual mundo unipolar liderado por Estados Unidos.

En los países Occidentales, incluiremos a los Estado Unidos, todos los países de Europa Occidental, Canadá, Australia Nueva Zelanda, Corea de Sur y Japón. Estaríamos hablando de menos de 1.000 millones de habitantes.

En los BRICS, acrónimo de los países fundadores, incluiremos a Brasil, Rusia, India, China, Sudáfrica.
Sin embargo, existe una larga lista de países candidatos a incorporarse al grupo fundador, entre ellos: Arabia Saudita, Catar, Kuwait, Baréin, Emiratos   Árabes   Unidos, Argentina, Irán, Egipto y Argelia.

Basta observar que los BRICS incorporarán, a China como la fábrica mundial, a los mayores productores de petróleo, energía, y materias primas, así como gigantes en producción agroalimentaria.
Solamente sumando China con 1.400 Millones de habitantes, India con otros 1.400 Millones, el mundo musulmán con 1.800 millones, mas 260 millones de Brasil y Argentina casi quintuplican en población a los países occidentales.

Estos países cuentas con manufacturas, materias primas economías de gran potencial y grandes poblaciones con índices de edad jóvenes, en contraposición a los países occidentales especialmente Europa y Japón, que ya enfrentan problemas de envejecimiento de la población debido a las bajas tasa de natalidad.

Referencia:
Cambio de poder económico: las naciones BRICS superan al G7 en el PIB mundial
Economic Power Shift: BRICS Nations Outpace G7 in Global GDP (thenewscrypto.com)
*Los países BRICS, que comprenden Brasil, Rusia, India, China y Sudáfrica, han superado a las naciones del G7 en poder económico. Cuando se considera **la paridad del poder adquisitivo**, estas naciones ocupan el primer lugar y forman el bloque de producto interno bruto (PIB) más grande del mundo.*

El hasta ahora mundo unipolar liderado desde la segunda guerra mundial, por los Estados Unidos partiendo de una posición industrial intacta tras la segunda guerra mundial, que, imponiendo su moneda, el dólar, como moneda de comercio internacional y reserva mundial ha mantenido a los Estados Unidos en una situación de privilegio.

Como decía en su famoso discurso Charles de Gaulle, que se menciona en el capítulo 7:

"El hecho de que muchos países, acepten como principio, que los dólares sean tan buenos como el oro, conduce a los estadounidenses, a endeudarse de forma gratuita a expensas de otros países. Porque lo que EE.UU. debe, lo paga, al menos en parte, con un dinero que solo ellos pueden emitir.
Consideramos necesario que el comercio internacional se establezca sobre un patrón monetario indiscutible, y que no lleve la marca de un país en particular."

Palabras sin duda preclaras, pues si analizamos la deuda pública, elevadísima en todo el mundo, pero absolutamente insostenible en los países occidentales, a la cabeza los Estados Unidos con casi 32 billones y una ratio entre Deuda y Producto Interior Bruto del 128% en 2022, el mismo ratio Deuda/PIB alcanza en Europa el 100% y en Japón el 259%

Podríamos extrapolar que los países Occidentales, incluyendo a Japón en realidad sostenemos la economía gracias a una emisión constante de masa monetaria, que degrada el valor de nuestras divisas.

El caso de Japón destaca en todos los índices que podamos analizar. Durante la última década, el Banco de Japón (BoJ) logró engullir el 80% de los fondos cotizados en bolsa (ETF) de Japón, lo que representa aproximadamente el 7% del mercado de valores de $ 6 billones del país, así como el 40% de toda la deuda Pública.
Referencia:
¿Qué parte del mercado de valores japonés posee el BOJ? | Mercados BlackBull (blackbullmarkets.com)
https://blackbullmarkets.com/en/market-reviews/how-much-of-the-japanese-stock-market-does-the-boj-own/

Pero este proceso se ha agravado en la última década.
La abrumadora deuda pública de Japón es comprada casi exclusivamente por el Banco de Japón, o para explicarlo con palabras sencillas, toda la gigantesca deuda pública japonesa es comprada con nuevo dinero que crea el Banco de Japón, esta situación ha llevado a Japón a la mayor tasa de inflación, y la mayor caída del valor de Yen frente al dólar de los últimos 32 años.

Si nuestra economía se sustenta en la emisión permanente de dinero del aire llegará la pérdida de confianza y el reinicio monetario será inevitable.

Los BRICS con Rusia y China a la cabeza están ya trabajando en una nueva divisa internacional, que casi con toda seguridad respaldarán en sus reservas de oro y materias primas, ambos además son los mayores productores de oro.
Si esta moneda se empieza a usar por parte del bloque económico de mayor población, mayor producción de materias primas, y estuviera respaldada por estas, podría rápidamente desplazar al dólar como divisa de comercio internacional y reserva, lo que pondría en serios aprietos a los países occidentales.

Aunque esta nueva moneda deberá cumplir con el primer requisito del dinero, ser comúnmente aceptada, cualidad que siempre va ligada a la confianza.

El comercio internacional con divisas nacionales siempre plantea el problema de la confianza, si un país emite dinero sin límite para comprar servicios y bienes tangibles o materias primas, el país exportador terminará por darse cuenta que este suministrado valor tangible a cambio de números de colores.

La estrategia de los Estados Unidos de utilizar el dólar como arma, sancionando a rivales políticos o económicos, e incautando sus reservas en dólares, que no son más que apuntes contables en los bancos, entonces el resto de países son ya conscientes que el dólar no es una moneda confiable, porque puede ser creada de la nada en cantidad sin límite, y además puede ser confiscada a voluntad de su emisor.

El prestigioso inversor norteamericano Ray Dalio, analiza en su exitoso libro, "Principios para enfrentarse al nuevo orden mundial: Por qué triunfan y fracasan los países", y no es mi deseo hacer un espóiler de este magnífico libro que les recomiendo, los ciclos repetidos a lo largo de la historia del auge y caída de las naciones dominantes.

Estos ciclos históricos presentan analogías como, una nación por diferentes motivos que Dalio explica en su libro consigue alzarse con una hegemonía que pronto se traslada a su divisa, que viene a convertirse en el estándar para el comercio mundial y divisa de reserva.

Este hecho, como también describe Charles de Gaulle en su ya mencionado discurso, lleva al estado hegemónico a un privilegio desorbitado por el que puede endeudarse gratuitamente, lo que habitualmente potencia su hegemonía, si bien esto termina inevitablemente en inflación por la emisión de dinero para financiar ese endeudamiento, así como su poder militar.

Las circunstancias geopolíticas actuales indican que el declive de los Estados Unidos ya ha comenzado, con unas tensiones sociales crecientes, dada la enorme brecha social entre ricos y pobres, un endeudamiento completamente desproporcionado, que resulta ya impagable, y que ha entrado en una espiral de creación de dinero nuevo, para mantener su economía y pagar los intereses de la deuda creada anteriormente, que solo puede ser pagada con nuevo dinero, que continúa inflado aún más la deuda.

Invito al lector a visitar este enlace de Internet: US Debt Clock. https://www.usdebtclock.org/world-debt-clock.html

En este sitio web podrá ver en tiempo real la deuda de los países más importantes del mundo, pero fijémonos, no solo en la primera columna de Deuda Pública, sino en las siguientes, Producto Interior Bruto; Ratio entre Deuda y Producto interior Bruto; y en la última columna, Ratio entre Deuda en manos de acreedores internacionales y PIB.

Estado Unidos: 31,5 billones de deuda, PIB: 26 billones, Ratio Deuda/PIB: 94%, Ratio Deuda en manos extranjeras/PIB 93%

Los siguientes países en la lista muestran datos muy similares, si bien la ratio entre Deuda Pública en manos extranjeras y PIB es considerablemente menor en los casos de China con el 17%, India, con un 25%, y Rusia con la mejor ratio de Deuda Pública /PIB del mundo con solo el 19% y Ratio Deuda en manos internaciones/PIB del 26%.

Nótese que los tres son miembros fundadores del grupo internacional de los BRICS.

Lo que podemos observar en los datos de deuda, no deja lugar a dudas: El sistema monetario del dinero fíat, basado en la constante emisión de dinero está abocado a implosionar.

Es altamente probable que nos encaminemos a un mundo multipolar, de momento proyectado en los BRICS y sus actuales candidatos, que podrían establecer una moneda electrónica internacional respaldada en oro y materias primas, y el otro polo conocido por los países occidentales más Corea y Japón con un sistema monetario a punto de implosionar y basado en la creación infinita de dinero respaldado por realmente nada.

Lo que nos llevaría a una crisis económica y social sistémica y de alcance mundial, que necesariamente conllevaría un reinicio monetario de la divisa hegemónica, y el establecimiento de un nuevo orden mundial y monetario.

Recordemos que la mayor parte de las reservas de los países del mundo, especialmente de los más afines a los Estados Unidos está depositada en dólares, si el dólar pierde su estatus de moneda de reserva mundial, ese colateral que representan las reservas carecerá de valor como para sustentar otras divisas nacionales o el mismo Euro de la Unión Europea.

Los ciclos de auge y caída de los países hegemónicos analizada por Ray Dalio se producen a lo largo de periodos de tiempo considerable, pero podemos encontrar otros ciclos económicos más breves en el tiempo, que podíamos denominar auges y caídas cíclicas y no sistémicas como las que menciona Ray Dalio.

Estos ciclos, de los cuales este autor ya ha conocido varios, se producen cada pocos años, y todos ellos, aunque se producen en circunstancias diferentes y parecen tener causas diferentes, siempre tienen un elemento en común.

Cuando los Bancos Centrales aumentan la masa monetaria expandiendo el crédito y la deuda, se produce un auge económico, que también crea inflación.
Cuando esa deuda e inflación alcanza ciertos límites, o bien con la excusa que sea, los Bancos Centrales reducen la masa monetaria elevando las tasas de interés, y retirando dinero circulante, esto genera una recesión con alto porcentaje de desempleo y crisis económica.
Entonces los Bancos centrales como supuesta respuesta a esa crisis comienzan a expandir de nuevo la masa monetaria

aumentando de nuevo el crédito al bajar las tasas de interés, y los ciclos periódicos de expansión y contracción monetaria del crédito y deuda se vuelven a repetir.

Los que han conservado su liquidez durante la crisis o aquellos que tienen fácil acceso al crédito en una nueva fase de incremento monetario, como los Bancos Comerciales, aumentan rápidamente su riqueza, comprando empresas y activos a bajo costo como consecuencia de la crisis anterior. Este proceso se denomina "efecto Cantillon", expuesto en la teoría del economista Richard Cantillon sobre el efecto desigual de las políticas monetarias sobre la economía.
Es un fenómeno mediante el cual la emisión monetaria de los Bancos Centrales beneficia a quien imprime el dinero perjudicando a la población general debido a que el dinero de nueva creación no es distribuido ni simultáneamente ni uniformemente a lo largo de la población.
El proceso de expansión monetaria supone, por lo tanto, una transferencia de riqueza.

Algunos podrían argumentar que las actuaciones de los bancos centrales son para contrarrestar los ciclos de auge y crisis económicas. La opinión de este autor y de muchos analistas es más bien lo contrario, es la injerencia de la política económica de los Bancos Centrales la que genera los ciclos de auge y caída de la economía.

Ésta era supuestamente la premisa por la que se instauraron los Bancos Centrales, luchar contra las crisis cíclicas.
Analizando la historia veremos que esa escusa es falsa.

La presentación ante el público de las CBDC se hace sobre varias premisas publicitadas por los gobiernos y bancos centrales, como que son una nueva forma del mismo dinero que ya usamos, que no reemplazará al dinero físico, y que será más conveniente, intercambiable tanto por bienes y servicios como por apuntes bancarios y por dinero físico.

A lo largo de este libro, he tratado de sembrar una duda más que razonable sobre la veracidad de estas premisas.

La opinión del autor es que el sistema monetario fíat basado en la emisión de dinero sin respaldo ni límite, para pagar una deuda que también crece sin límites, conduce a la pérdida de valor, y de la confianza en que esa deuda pueda ser pagada, que inexorablemente nos llevará a un reinicio monetario.

El día 9 de Marzo de 2023, el pequeño Banco Estadounidense Silver Gate Bank entró en quiebra o bancarrota.

Al día siguiente el 10 de Marzo de 2023 el banco de mediano tamaño Silicon Valley Bank también quebró, y fue intervenido por la FDIC o Corporación de Seguros de Depósitos Bancarios de Estados Unidos.

Este segundo banco en quebrar en 48 horas desató un pánico bancario generalizado y no solo en Estados Unidos, sino en también en Europa.
El día 14 de Marzo de 2023 también quebraba Signature Bank Lo que obligó a la Reserva Federal y el Departamento de Tesoro de los Estados Unidos a tomar medidas inmediatas y drásticas para evitar un colapso bancario generalizado.

La razón de la caída de estos bancos es la misma que casi siempre, la *Reserva Fraccionaria*, por la cual los bancos solamente guardan un pequeñísimo porcentaje de los depósitos de sus clientes disponibles para retiro, mientras prestan el resto a otros clientes o invierten en Activos que les proporcionen rentabilidad, esperando que no se la circunstancia de que muchos de los clientes depositantes quieran retirar su dinero al mismo tiempo.

Por falta de confianza en el Silicon Valley Bank, los clientes retiraron 42.000 Millones durante la mañana del mismo día de su quiebra.

Debemos entender que un Banco por definición es siempre una empresa insolvente, y esta afirmación no es exagerada.
La materia prima con la que trabaja un banco es el dinero de sus acreedores, es decir sus depositantes, así como otras entidades, incluido el banco central que le "prestan" dinero para que el banco, invirtiendo en diferentes activos financieros y otorgando crédito consiga beneficios.
Es decir, usando su pasivo o dinero que debe a sus depositantes y otras entidades, obtiene beneficios con activos a medio y largo plazo y recuperando con intereses los créditos que ha concedido.
En una situación normal todo puede ir bien, pues generalmente no muchos depositantes acudirán a la vez a retirar sus depósitos.

La Reserva Fraccionaria en la que se basa la actividad bancaria es en esencia un fraude, porque cuando un banco presta capital a un cliente que solicita un crédito, en realidad el banco finge usar los depósitos de otros clientes, pero sin reflejar ese capital *tomado* de las cuentas de los depositantes. Los depositantes siguen viendo el 100% de sus depósitos en el saldo de sus cuentas, y pueden disponer de esos fondos tan pronto como hoy mismo.

Como los bancos emplean la mayor parte de los depósitos en activos a medio y largo plazo, no podrán hacer frente a un retiro masivo de sus clientes depositantes a corto plazo.
La falta de confianza siempre dispara esta reacción
En una situación de pánico bancario con retiros masivos de los clientes, los bancos pueden liquidar activos a corto plazo como acciones o bonos de deuda pública en el mercado secundario, o bien solicitando crédito al banco central usando como garantía los activos a medio y largo plazo que posean.

Esto sucedió a los tres bancos quebrados mencionados y amenazaba a un enorme número de otros bancos regionales de pequeño y mediano tamaño.
En un intento de lograr liquidez Silicon Valley Bank vendió acciones que en los últimos meses se han depreciado en bolsa, y también vendió sus Bonos del Tesoro con enormes pérdidas en el mercado secundario, pues estos han bajado de precio.

Se preguntará el lector, si los Bonos del Tesoro Estadounidenses son los activos más seguros, líquidos y son de Renta Fija*. ¿Cómo pueden perder valor?

La respuesta no es difícil de entender, durante la década y media tras el colapso de 2008, las tasas de interés han estado cercanas a cero en Estado Unidos, y en negativo en Europa, por lo cual los Bonos del Tesoro que se emitieron durante esos años, y hablamos de una masa monetaria abrumadora, tenían una rentabilidad muy baja entre el 1% y el 2%
Como la Reserva Federal ha iniciado una subida vertiginosa de las tasas de interés alcanzando en Estado Unidos en el momento de escribir este libro la rentabilidad de los bonos en

el 3,75%, los nuevos bonos emitidos son ahora mucho más rentables que los bonos emitidos en años anteriores.

Los bonos son activos de Renta Fija solo si se mantienen hasta la fecha de vencimiento, si se desean vender o liquidar antes de ese plazo hay que acudir al Mercado Secundario* en la que se negociarán en función de la oferta y la demanda.
Obviamente los inversores preferirán invertir en los bonos recientemente emitidos con una tasa de interés o rentabilidad cercana al 4%, y no los bonos de años anteriores con una rentabilidad del 1%
Por tanto, el mercado asigna un valor menor a los bonos con menor rentabilidad, y si se quieren vender, habrá que asumir una bajada en el precio al menos acorde con lo que el inversor dejará de ganar con respecto a si adquiere un bono reciente.
Todos los bancos grandes y pequeños tienen en su balance o lista de activos una enorme cantidad de dinero, una parte en acciones y la mayor parte en renta fija, principalmente Bonos del Tesoro de los Estado Unidos, como el activo más seguro y líquido que existe, pero recordemos que en solo 18 meses, durante 2020 y la mitad de 2021 la Reserva Federal de los Estados Unidos emitió el 25% de todos los dólares creados durante la historia del dólar, esa enorme cantidad de masa monetaria tendría necesariamente que generar un evento de inflación como el que estamos viviendo.

Con los balances de los Bancos llenos de Bonos con muy baja rentabilidad comparada a los bonos actuales, el mercado lógicamente les asigna un valor muy inferior al de compra, lo que se conoce como pérdidas no realizadas, los bancos pueden esperar al plazo del vencimiento según la composición de su cartera de bonos para recibir al final de este plazo el 100% del nominal de esos Bonos, pero si por alguna razón de ven forzados a venderlos antes de su vencimiento, incurrirán en perdidas catastróficas.

Esto le sucedió a Silicon Valley Bank, tras vender con pérdidas los bonos que pudo, intentó ampliar su capital, pero al no encontrar nuevos inversores que aportarán más capital al banco desató el pánico entre sus clientes depositantes, que iniciaron una retirada masiva de fondos, lo que abocó al banco a la bancarrota y a su intervención por parte del FDIC, o Corporación de Seguros de Depósitos Bancarios de los Estados Unidos.

Los siguientes bancos, Signature Bank y First Republic Bank, sufrieron idénticas circunstancias, por lo que la Reserva Federal y el Tesoro decidieron una vez más intervenir con el objeto de que el pánico bancario no se extienda a todo el sistema bancario.

¿La solución? Fácil, la de siempre, inyectar nuevo dinero, y manipular los mercados con prácticas cada vez más extremas que terminarán socavando la confianza de inversores y ciudadanos.

Puesto que todos los bancos tienen una enorme masa monetaria en Bonos del Tesoro devaluados, la "feliz" idea que han encontrado los reguladores y el Tesoro es valorar las reservas de bonos de los bancos, no a precio real de mercado, sino al precio nominal, o de vencimiento.
Y con base a esa garantía "falsamente valorada" emitir 300.000 millones de nuevo dinero que prestarán en condiciones ventajosas a los bancos con problemas.

La situación de los grandes bancos no es muy diferente, su Hoja de Balance acumula unas pérdidas gigantescas no realizadas, porque de momento no han tenido que vender esos bonos, con la nueva inyección de liquidez, ya no necesitarán hacerlo, probablemente.

Aquí deberíamos hacernos algunas preguntas.
¿Si para rescatar a tres bancos se han emitido 300.000 millones, cuantos serían necesarios en caso de que más de un centenar de bancos regionales lo necesitarán?

Referencia: Más de 186 bancos estadounidenses están en riesgo de colapsar, revela un análisis.
https://papers.ssrn.com/sol3/papers.cfm?abstract_id=4387676

¿Es buena idea rescatar a un banco mal gestionado con dinero público o fondos que terminarán devaluando nuestro dinero?
Las razones para condenar los recates bancarios darían para escribir otro libro.

En Europa el gigantesco banco Suizo Credite Suisse, clasificado como de riesgo sistémico global arrastra una situación cercana a la bancarrota, y el Banco Nacional de Suiza (SNB) ha decidido inyectar 54.000 millones para evitar su bancarrota inmediata.

Debemos conocer que el propio Banco Nacional de Suiza ha acumulado unas pérdidas de 133.000 millones en 2022, y ahora en 2023 ya ha comprometido 54.000 millones más para intentar rescatar a Credite Suisse.

Finalmente, el Lunes 20 de Marzo antes de la apertura de los mercados en occidente se hace pública la compra de Credite Suisse por parte de su competidor UBS, por unos 3.000 millones, con el respaldo si es necesario, y teme el autor que será necesario, de 100.000 millones que aportaría el Banco Nacional de Suiza conocido por su acrónimo SNB.

Previendo 10.000 despidos, asumiendo UBS unos 5.000 millones de pérdidas conocidas de Credite Suisse, y valorando a cero los bonos emitidos por Credite Suisse.

Lo que ocasionará terribles perdidas a sus inversores, especialmente al Banco Nacional Saudí, cuya cartera de inversión ha estado literalmente soportando a Credite Suisse durante al menos los últimos años.

Puede que para cuando lea este libro, sea ya historia, o más bien el principio de una nueva historia de fracaso del sistema monetario y financiero internacional.

Referencia:
El Banco de Suiza sufre pérdidas récord y no pagará dividendo al gobierno.
https://cincodias.elpais.com/cincodias/2023/01/09/mercados/1673279114_686356.html

El Banco de Suiza sufre pérdidas récord de más de 133.000 millones en 2022 y no reparte dividendos.
https://forbes.es/ultima-hora/243692/el-banco-de-suiza-sufre-perdidas-record-de-mas-de-133-000-millones-en-2022-y-no-reparte-dividendos/

La compra por UBS de Credite Suisse, así como el respaldo de Banco Nacional de Suiza podría ser suficiente inicialmente para que la entidad resultante de la absorción haga frente a sus obligaciones a corto plazo, pero desde luego no será suficiente para devolver la confianza de clientes y depositantes.

Como hemos dicho anteriormente los Bancos son empresas insolventes por definición, sus activos son a medio y largo plazo, pero las obligaciones con sus acreedores podrían ser inmediatas en caso de falta de confianza y pánico.

Tenemos un sistema monetario fíat basado en la emisión de dinero del aire, que es creado como deuda, por lo que siempre hay más deuda que dinero.
Un sistema inestable y abocado a implosionar

Tenemos una economía articulada en torno a un sistema bancario inherentemente insolvente y sustentado solamente por una confianza cada día más escasa.

Un cambio geopolítico de unipolar, liderado por Estados Unidos y su dólar, a otro multipolar, donde la mayoría de la población mundial ya no confía en el dólar y donde están construyendo una nueva moneda de comercio internacional respaldada en materias primas y bienes tangibles, parece indicar que estamos acelerando hacia un reinicio monetario.

Alternativas.

Gary Gensler, actualmente en 2023, presidente de la Securities and Exchange Commission (SEC) o Comisión del Mercado de Valores, la entidad oficial de regulación del mercado de valores en los Estados Unidos, ha expuesto públicamente en varias ocasiones que, todas las criptomonedas, excepto Bitcoin, son a su juicio valores bursátiles, en lo que coincide plenamente la opinión de este autor.

Para determinar qué es un valor bursátil se toma el test de Howey.
La prueba o test de Howey hace referencia a la jurisprudencia del Tribunal Supremo de EE.UU. para determinar si una transacción puede considerarse un "contrato de inversión" y, por lo tanto, un valor bursátil que deberá estar sujeto a los requisitos de divulgación y registro según la Ley de Valores de 1933 y la Ley de Intercambio de Valores de 1934.

Para ello, el Tribunal Supremo estableció cuatro criterios para determinar si existe un contrato de inversión.

Un contrato de inversión requiere:
Una inversión de dinero.
En una empresa común.
Con la expectativa de obtener un beneficio.
Que se deriva del esfuerzo de otros.

En junio de 2018, el ex presidente de la SEC, Jay Clayton, aclaró explícitamente que Bitcoin no es un valor.

"Los Bitcoin son sustitutos de las monedas soberanas, sustituye al dólar, al euro, al yen por bitcoin.

"Ese tipo de moneda no es un valor", dijo Clayton.
Referencia:
SEC Chairman Clayton says agency won't change definition of a security (cnbc.com)

Bitcoin, nunca ha buscado fondos públicos, entiéndase, de ninguna empresa, para desarrollar su tecnología, y no pasa la prueba Howey que utiliza la SEC para clasificar los valores.

Todas las demás criptomonedas también conocidas como Altcoins ("Alt" por alternativas a Bitcoin) pueden tener algún valor dependiendo de su utilidad para resolver con eficiencia algún propósito, y todas ellas, excepto bitcoin, tienen detrás una organización o empresa.
Todas las Altcoin concuerdan con los criterios del Test de Howey.

Por tanto, podemos asegurar que es solo cuestión de tiempo que los reguladores norteamericanos ejecuten acciones legales contra todas las criptomonedas, todas, excepto Bitcoin.
Bitcoin encaja realmente en la misma categoría de una commodity* es decir una mercancía, producto o materia prima, como por ejemplo el Oro.

Bitcoin podría resolver todos los problemas monetarios, incluida la inflación, la falta de confianza entre las partes para ser usado en el comercio internacional y la trayectoria desde su creación en 2009 resulta asombrosa.

A diferencia del dinero fíat, que es creado como deuda, cada unidad de Euro, Dólar o Yen que poseemos es la deuda de alguien, Bitcoin no es el pasivo de nadie.

Bitcoin tiene una emisión finita, limitada y conocida públicamente de 21 millones de unidades, de los cuales se han minado ya 19 millones.

Su valor contra algunas divisas fíat puede ser aun extremadamente volátil en el corto y medio plazo, pero como reconocía la publicación de la Reserva Federal de Nueva York. Documento NO. 1052 de Febrero 2023. mencionado anteriormente, ha tenido una tasa de crecimiento anual promedio en la muestra completa (últimos10 años), del 220% anual, debido a su reciente disminución. (en 2021).

Desde su puesta en marcha Bitcoin ha sufrido todo tipo de ataques cibernéticos a su red de nodos, ataques mediáticos, y regulatorios, por parte de los gobiernos y autoridades económicas, nada ha podido detener su Blockchain.

El 10 de febrero de 2011 alcanzó el precio de 1 dólar, hoy Marzo de 2023 supera los 28.000 Dólares por unidad.

La gigantesca descentralización de Bitcoin le hace imparable, incensurable, inconfiscable y sus transacciones inmutables.

Permite el comercio entre dos partes sin necesidad de confianza mutua y sin ningún intermediario o autoridad central, y funciona sin interrupción desde su creación en 2009.

Bitcoin, su protocolo y su Blockchain no pueden ser controladas ni alteradas por ningún gobierno, corporación, grupo o individuo.

Las propiedades de Bitcoin le convierten en el mejor dinero creado hasta la fecha, especialmente para el comercio por internet.

Referencia:
Bank of Russia to set up entities for crypto mining and cross-border settlement: Report (cointelegraph.com)
"En una declaración a Cointelegraph, Gabby Kusz, CEO de la Global Digital Asset & Cryptocurrency Association, dijo que Rusia, China y otros países se están dando cuenta de que "Crypto no es un nuevo producto financiero, sino una evolución o cambio fundamental en la forma en que los individuos y las organizaciones intercambian valor."

Es posible que con algo más de tiempo los estados descubran que podría ser la solución ideal para la liquidación y pago en el comercio internacional, incluido el comercio entre enemigos políticos.

Obviamente va a contar con el rechazo de los gobiernos, pues su uso generalizado haría perder el control sobre las divisas fíat, sin embargo, podrían aceptarlo rápidamente para el comercio internacional como ya están explorando Rusia e Irán entre otros estados.
En 2023 ya hay dos estados, El Salvador y la República Centroafricana que otorgan a Bitcoin el estatus de moneda de curso legal, conjuntamente con el Dólar en El Salvador, y el Franco CFA en República Centroafricana.

El control estatal que se ejercerá por medio de las monedas CBDC forzará a los ciudadanos a considerar alguna alternativa monetaria como defensa de nuestro dinero y patrimonio.

Recordemos el concepto; cuando el dinero no sea más que un registro en un sistema informático controlado por el gobierno dejará de ser nuestro dinero, solamente dispondremos de permiso para poder usarlo, permiso que podrá ser condicionado o revocado en cualquier momento.

De nuevo mencionando el discurso de Charles de Gaulle en el que decía: *"Consideramos necesario que el comercio internacional se establezca sobre un patrón monetario indiscutible, y que no lleve la marca de un país en particular. ¿Qué patrón? ¡La verdad es que no se puede imaginar otro patrón que no sea el oro!"*

Charles de Gaulle no podía imaginar otro patrón que el patrón Oro, porque en aquellos días ni siquiera se podía imaginar Internet.

No puedo pasar la ocasión para recomendar el libro:
El Patrón Bitcoin: La alternativa descentralizada a los bancos.
En idioma Inglés: The Bitcoin Standard.
Escrito por el profesor Saifedean Ammous. Profesor de Economía en la Escuela de Negocios Adnan Kassar en la Universidad Americana de Líbano.

Gracias a mi edad he tenido la oportunidad de conocer algunos grandes cambios en nuestra sociedad debido al desarrollo de la tecnología.

Siempre fui un entusiasta de la tecnología, y desde mi adolescencia viví de primera mano el desarrollo de la informática, y la popularización de la microinformática en los años 80, *del siglo pasado*, lo que más tarde se convertiría en mi profesión.
Disfruté viviendo aquella revolución, y en aquellos años con mis ordenadores personales de 8 bits, que apenas podían

representar 256 colores, yo ya soñaba con la fotografía y el audio digitales.

Aún recuerdo los comentarios de los fotógrafos profesionales de la época en los que argumentaban que la pobre fotografía digital jamás llegaría a competir y menos aún sustituir a la fotografía analógica basada en película química.

También recuerdo la llegada a todos los hogares de internet, con los módems conectados a la línea de audio telefónica, los primeros emails enviados desde el navegador Netscape, y las primeras canciones en formato mp3.
Las computadoras personales, la informática e Internet hicieron comunes cosas inimaginables poquísimos años antes.
Cuando empezaba a estudiar electrónica digital y microprocesadores, leí cierto día en una revista especializada que se estaban desarrollando los estándares para la telefonía celular, y que en unos años podríamos hablar por teléfono desde los automóviles, debo confesar que aquella información me arrancó una sonrisa, de incredulidad.

Poco más tarde llegarían los teléfonos inteligentes con conexión permanente a internet, la evolución tecnológica impone cambios en nuestra vida y en nuestra sociedad, siempre ha sido así, desde la época de las cavernas, lo que ocurre es que ahora esos cambios son acelerados, cada vez más importantes y cada vez en menos tiempo.

Con estas experiencias en mente, soy consciente que cosas que parecían utópicas y que han cambiado nuestro mundo drásticamente y a una velocidad acelerada, como un teléfono celular o una red global de computadores me permiten prever cambios imparables, que ya no son utópicos, tales como que no tardaremos mucho en disponer de un dinero digital universal y neutral, libre de las injerencias de gobiernos y corporaciones, inconfiscable, e incensurable.

Es más, puede que ya esté disponible para todos.

"Cuando la tecnología es lo suficientemente avanzada es indistinguible de la magia."
Arthur C. Clarke.

Glosario

Acciones.
Una acción bursátil es una parte del capital de una empresa que se puede comprar y vender en la Bolsa de Valores.
En esencia es una de las formas de financiación de una empresa, cuando una empresa necesita capital o financiación para llevar a cabo su actividad vende títulos que representan partes iguales de ese capital, y esas partes o títulos o acciones se pueden comprar y vender en un mercado regulado llamado Bolsa de Valores.

Accionista.
Los dueños de las acciones, que tienen derechos sobre la empresa y sus beneficios.

Acreedor / Deudor.
Son las dos partes de una operación de financiamiento.
Un acreedor es quien tiene el derecho de cobrar una deuda a su deudor.
Un deudor es quien tiene la obligación de pagar una deuda a su acreedor.

Apalancamiento.
Es un sistema de financiar la compra de activos con dinero prestado. Pongamos un ejemplo, un inversor puede invertir su capital en un activo financiero, pero sumando a su capital una cantidad prestada por una entidad.
Este sistema tiene una particularidad que es necesario entender, pues habitualmente es el mecanismo que desencadena la mayor parte de los desastres financieros.
En un apalancamiento x10 el inversor aporta 1 parte y la entidad que proporciona el apalancamiento aporta 10 veces el capital inicial del inversor, a cambio obviamente de un porcentaje de interés que el inversor deberá pagar.
Con ese capital se compra un activo financiero como por ejemplo una cantidad de acciones, si el valor de esas acciones sube, el

inversor puede vender con el beneficio x10 veces su capital, y con ello pagar el interés por el préstamo temporal que usó al comprar las acciones.

El peligro llega si el valor de las acciones baja, en este caso la entidad que prestó x10 el capital al inversor, que monitorea el precio de esas acciones observa que la pérdida de valor las acciones compradas a crédito se acercan al capital real aportado por el inversor, entonces le avisa, si hay tiempo, al inversor para que añada más capital para mantener su inversión, este aviso se denomina Margin Call, o llamada para mantener el margen de seguridad.

Si el inversor no quiere o no puede aportar más capital, entonces la entidad que presta el aplacamiento, antes de que la pérdida llegue a afectar a su préstamo, ejecuta la venta de las acciones, lo que se denomina liquidación, perdiendo el inversor todo su capital, y si el proceso se ha llevado a cabo correctamente la entidad que hizo el préstamo no perderá nada.

En algunas ocasiones los mercados financieros pueden fluctuar tan rápidamente que la entidad que prestó el capital de apalancamiento no tiene tiempo literal de realizar la liquidación o cuando lo hace incurre en pérdidas.

En Abril de 2021 varios grandes bancos y especialmente el banco suizo Credite Suisse perdió 4.000 millones como entidad que proveía financiación al fondo Archegos.

Este fondo perdió 10.000 millones en 48h. cómo no pudo aportar más capital, las entidades que financiaban la inversión de Archegos Capital, liquidaron sus activos de más de 30.000 millones incurriendo en terribles perdidas, ya que la venta de tal cantidad de acciones acelera la bajada de precio.

Este tipo de casos no es frecuente, habitualmente las entidades que proporcionan la financiación del apalancamiento en los mercados financieros suelen rescatar el capital prestado antes de que se pierda, el que siempre pierde todo su capital es el inversor apalancado, cuyo activo apalancado es liquidado.

El apalancamiento es norma habitual en los mercados financieros, y este genera grandes beneficios en mercado alcista pero terribles perdidas en un mercado bajista.

Una gran operación financiera apalancada que salga mal puede arrastrar a una entidad de crédito a una situación de insolvencia, que afectaría a su vez a otras entidades, pues las liquidaciones aceleran las bajadas de precio en el mercado bursátil, lo que a su vez repercute en otros inversionistas apalancados con esa o con otras entidades, generando un espiral bajista.

Apunte Contable.
Es una anotación escrita que detalla un movimiento comercial o económico que modifique el patrimonio de una persona o empresa. En contabilidad, se utilizan los apuntes contables para registrar cada una de las operaciones que realiza una empresa.

Arbitraje Financiero.
Estrategia financiera que consiste en aprovechar la diferencia de precio entre diferentes mercados sobre un mismo activo financiero para obtener un beneficio económico.
Si las acciones de una empresa cotizan en un precio diferente en dos mercados, un inversor puede comprar acciones en el mercado que el precio está más bajo, y venderlo en el mercado que esta más caro, esa diferencia de precio será el beneficio.
Este tipo de operaciones se ejecutan automáticamente por sistemas informáticos con el llamado Trading de Alta Frecuencia, en operaciones que pueden ser ejecutadas en milisegundos.
El arbitraje automático hace que las diferencias de precio de un mismo activo tiendan a cotizar en el mismo precio, aunque se negocien en diferentes mercados, rápidamente.

Bail-in / Bail-out
Del inglés Fianza, o más llanamente Rescate para refinanciar una entidad o institución financiera en problemas.

Bail-out se refiere a que el capital para esa fianza o rescate proviene de fuera de la entidad, habitualmente por parte de otras entidades o de los estados, que harán recaer ese costo en los contribuyentes. Bail-out fue el modelo que se siguió en la crisis financiera de 2008.

Bail-in se refiere a que el capital para rescatar a la entidad en problemas se toma del interior de esta, es decir de los accionistas o depositantes.
Tras la crisis de 2008 todos los países del mundo actualizaron sus leyes para en próximas crisis ejecutar los rescates internos.

Es muy importante entender que cuando en el futuro una entidad bancaria este en problemas, las autoridades ejecutarán estas leyes tomando capital de los acreedores de la entidad, es decir sus accionistas y depositantes, y solo después si aún no es suficiente entonces actuarán los fondos de garantía de depósitos.

Balance Sheet.
Hoja de Balance es un reporte financiero que se realiza periódicamente; mensual, trimestral o anualmente, que detalla todos los activos, valor de lo que se posee, y pasivos o deudas, y el capital resultante de una empresa.
Con una formula muy simple:
Activos − Pasivos = Capital de la empresa.

Habitualmente este término se usa en los medios para referirse a los activos financieros que han "comprado" los Bancos Centrales, como Bonos corporativos, Bonos de deuda pública o del Tesoro de los estados.
Nótese que esos activos son comprados con nuevo dinero creado de aire para ejecutar tales compras.
Los Bancos Centrales crean dinero nuevo con esas compras.

Banco Central.
institución que emite y administra la moneda de curso legal y ejerce la función de banquero de los bancos comerciales.

Además, controla los sistemas: Monetario, controlando la emisión de dinero, y crediticio, controlando las tasas de interés.

En economías mixtas o altamente intervenidas por el estado también controla el mercado cambiario, controlando la tasa de cambio con otras divisas extranjeras.

En un sistema capitalista ideal el cambio entre divisas debería fluctuar libremente según la oferta y la demanda de cada divisa.

Sin embargo, existen acuerdos entre Bancos Centrales denominados **swap de divisas***, que consisten en intercambios temporales de monedas entre dos Bancos Centrales con el compromiso de devolverlas en una fecha futura y a un tipo de cambio fijado

Así mismo existe un acuerdo tácito entre los Bancos Centrales más importantes para garantizar la convertibilidad entre un pequeño grupo de divisas, denominadas Divisas Convertibles.

Que son: son el euro, el dólar estadounidense, la libra esterlina, el yen japonés y el franco suizo.

Es habitual, que en caso de tensiones cambiarias internacionales los Bancos Centrales de estas divisas actúen coordinadamente para evitar fluctuaciones demasiado bruscas, comprando o vendiendo divisas en grupo para mitigar problemas puntuales.

Las principales funciones de un Banco Central son:

Actuar como banco del Estado.

Controlar la emisión de moneda.

Recibir consignaciones o depósitos de los Bancos comerciales y otorgar préstamos a los bancos comerciales y a los Gobiernos

Manejar la política monetaria y controlar la inflación de un país.

También se encargan de efectuar las transferencias de divisas con los demás países del mundo y así mismo de regular y auditar la actividad de los Bancos Comerciales de su ámbito.

Bear Market / Bull Market

Expresiones coloquiales del argot financiero para denominar un mercado bajista, o de Osos (Bear), en analogía a como atacan los Osos, de arriba hacia abajo, al bajar sus garras, o mercado alcista, mercado de toros (Bull), en analogía a como atacan los toros, corneando desde abajo hacia arriba.

Índice BETA.

La índice beta en el argot financiero es un indicador que mide la volatilidad de un activo (una acción o un valor) respecto al mercado donde se negocia.

Por ejemplo, si el índice beta de una acción es 1.5, significa que cuando el mercado sube un 1%, la acción sube un 1.5%, y cuando el mercado baja un 1%, la acción baja un 1.5%.

De esta manera la índice beta sirve para medir el riesgo relativo de un activo con respecto al comportamiento de otros activos similares dentro de un mismo mercado.

BIS (Bank for International Settlements) / BPI

El Banco de Pagos Internacionales (BPI) es una organización internacional que se dedica a promover la cooperación monetaria y financiera entre los bancos centrales y otras autoridades monetarias. Fundado en 1930 y con sede en Basilea, Suiza, el BPI es el Banco Central de los Bancos Centrales y sirve como foro para la discusión y la coordinación en cuestiones relacionadas con la estabilidad financiera global.

El BPI se enfoca en tres áreas principales de trabajo: investigación y análisis económico, cooperación monetaria y financiera internacional, y servicios para bancos centrales y otras autoridades monetarias.

Bitcoin.

Bitcoin es una moneda digital que funciona de forma descentralizada y sin intermediarios.

Permite enviar pagos online directamente entre las partes y sin pasar a través de ninguna institución financiera.

Esta basada en una red de computadoras que verifican y registran las transacciones en un libro contable público llamado Blockchain.

Bitcoin se puede enviar y recibir a través de internet, sin necesidad de confiar en ninguna entidad o autoridad.

Su emisión está limitada a 21 millones de unidades, de los cuales se han emitido 19 millones, y el resto será emitido en modo decreciente hasta completar los 21 millones aproximadamente en el año 2140.

Blockchain.
Habitualmente para referirse al libro mayor de Bitcoin.
Blockchain es una tecnología de Bases de Datos, que permite crear y gestionar un libro contable digital donde se registran y verifican las transacciones realizadas con una moneda o un activo.
Cada transacción se agrupa en un bloque que se enlaza criptográficamente con el bloque anterior, formando una cadena de bloques.
Esta cadena de bloques es compartida y actualizada por todos los participantes de la red, sin necesidad de una autoridad central.

Blockchain garantiza la Seguridad por medio de la Descentralización en múltiples nodos, la Distribución de la base de datos en múltiples localizaciones, así como la transparencia, la trazabilidad y la inmutabilidad de las operaciones, ya que los datos son encriptados y no se pueden modificar ni eliminar.

Bolsa de Valores.
La bolsa de valores es un mercado o institución donde se compran y venden acciones, bonos y otros instrumentos financieros que representan el valor de una empresa o una deuda.
La bolsa de valores permite a los inversores negociar estos instrumentos con el fin de obtener beneficios o financiar empresas.

La primera bolsa oficial de valores se fundó en 1602 en Ámsterdam, por la Compañía Holandesa de las Indias Orientales, que fue la primera en emitir acciones al público, lo que marcó un gran avance financiero al dividir en partes iguales (Acciones) el capital necesario para financiar una empresa, que dividirá sus beneficios también en partes iguales (Dividendos) proporcionalmente según el número de acciones que posea cada accionista.

Hasta entones las actividades comerciales requerían habitualmente de un financiador que aportaba un gran capital y era el único dueño de la empresa y único receptor de los posibles beneficios.

Al dividir el capital en múltiples partes más pequeñas, las empresas podían obtener capital de muchos inversores.

Este avance generó un gran desarrollo económico que impulsó el comercio y más tarde la revolución industrial.

Bono.

Un bono es un tipo de préstamo que una persona le hace a una empresa o un gobierno·. El emisor del bono se compromete a devolver el dinero prestado en un tiempo determinado más unos intereses, que pueden ser fijos o variables según un índice preestablecido.

En términos financieros, un bono también se puede llamar título de deuda, activo financiero de deuda o instrumento de renta fija·, puesto que a su formalización se establece un interés que el emisor pagara al inversor.

Existen bonos a corto, medio y largo plazo, meses, 1 año, 5, 10, 30 años.

Durante el periodo o duración de un bono, especialmente los de medio y largo plazo estos pueden ser negociados en el mercado secundario.

Por ejemplo, si un inversor adquiere un Bono de Deuda Pública a 10 años, con un interés anual del 4%, cada año recibirá del emisor un 4%, y al final de su duración o vencimiento, el emisor devolverá el interés del último año más el total (o nominal) del bono.

Pero si el inversor quiere recuperar su inversión antes del periodo de duración del bono puede venderlo a otro inversor, en Mercado Secundario.

El precio de un bono en el mercado secundario depende de varios factores, como el estado financiero del emisor, los tipos de interés vigentes, la oferta y la demanda.

Bono High Yield. / Bono Alto Rendimiento.
Más llanamente conocidos como Bonos Basura.
Un bono High Yield es un bono de renta fija que ofrece una alta rentabilidad, pero con un alto riesgo de impago.
Los intereses elevados que ofrecen se deben al riesgo de que al llegar el vencimiento o el pago de intereses el emisor no pueda pagar los interese o el nominal.
Los emisores de estos bonos son empresas o Estados con una baja calificación crediticia, por debajo del grado de inversión.
Aunque una buena calificación crediticia no garantiza en absoluto la solvencia de emisor.

Call / Opción de Compra.
Una opción de compra (Call) es un contrato que le da al comprador el derecho de comprar un activo a un precio fijo en el futuro.
El comprador paga una cantidad llamada prima al vendedor de la opción por este derecho.
El vendedor tiene la obligación de vender el activo si el comprador ejerce su opción.

Cártel.
Convenio, ilegal en la mayoría de las jurisdicciones, entre varias empresas similares para evitar la mutua competencia y regular la producción, venta y precios en un determinado ámbito geográfico o comercial.

Cashflow.
El cashflow o flujo de caja es la diferencia entre los ingresos y los gastos de una empresa en un periodo determinado.
Más llanamente la capacidad de una empresa de generar dinero en efectivo después de pagar los gastos, en un periodo determinado.
El cashflow muestra la capacidad de la empresa para generar dinero en efectivo y pagar sus obligaciones.

CBDC
Central Bank Digital Currency, Moneda Digital de Banco Central.

167

Es un tipo de moneda fíat igual al efectivo físico como billetes y monedas, pero en formato digital, parecida a las criptomonedas, pero centralizada.

Al igual que su equivalente de dinero físico, al ser una moneda fíat no está respaldada por nada, más que una imposición legal.

Consulte el término: Fíat

CFTC

Commodity Futures Trading Commission (CFTC), Comisión de Negociación de Futuros de Productos Básicos.

Es una agencia Estadounidense que se encarga de supervisar y regular el comercio de contratos de futuros y opciones sobre productos básicos, materias primas, divisas, índices, y otros activos como los derivados, futuros, opciones y swaps.

Commodity.

En plural Commodities son aquellos productos genéricos o básicos entre los que apenas existe diferencia en cuanto a precio, apariencia, o uso, por ejemplo, las materias primas como el petróleo, la madera, los cereales, o los metales preciosos.

Son materiales tangibles que se pueden comerciar, comprar o vender sin procesar.

Corredor de Bolsa / Broker.

Un bróker es un intermediario que se encarga de ejecutar las órdenes de compra y venta de activos financieros que le dan sus clientes. El bróker puede ser una persona o una empresa.

El Broker cobra una comisión por cada operación que realiza, sea compra o venta, en nombre de sus clientes, y debe cumplir con una serie de requisitos legales y regulatorios para poder ejercer su actividad.

Los Corredores de Bolsa operan solamente en el mercado Bursátil, sin embargo, un Broker puede operar en diferentes mercados financieros, como el de divisas, el de materias primas o el de criptomonedas.

Criptografía.
Es una rama de las matemáticas que se ocupa de las técnicas de cifrado o codificado de la información. La criptografía se basa en la teoría matemática de los números.

Criptoactivo.
Un criptoactivo es un tipo de activo digital, o token basado en la Criptografía (una rama de las matemáticas) y Blockchain, que posee un determinado valor de mercado, por su utilidad o por su demanda, que puede generar ingresos al venderlos o al intercambiarlos por bienes o servicios.

Criptomoneda.
Es un criptoactivo, pero que además de basar su valor en una posible utilidad, y o demanda, cumple con las propiedades que definen al dinero.
En opinión de este autor, solamente Bitcoin es una criptomoneda, todo el resto "criptomonedas" llamadas alt-coins o monedas alternativas son realmente tokens o criptoactivos.

Derivado Financiero.
Un derivado financiero es un producto financiero cuyo valor depende del valor de otro activo, llamado subyacente.
Más llanamente son apuestas basadas en el precio de otro activo.
Un ejemplo de derivado financiero es un contrato por diferencia (CFD) Un CFD es un contrato por el que el inversor y el bróker intercambian la diferencia en el precio de un activo subyacente en particular. Por ejemplo, si compras un CFD sobre una acción de Apple y el precio de la acción sube, el bróker te paga la diferencia. Si baja, tú le pagas al bróker.

Deuda pública.
Deuda Pública o Deuda Soberana se entiende al conjunto de deudas que mantiene un Estado frente a particulares, instituciones u otros Estados.

Una forma de obtener recursos financieros por los Estados que gastan más de lo ingresan. Normalmente mediante emisión de títulos de valores o bonos.

Dinero.
Cualquier medio de intercambio que sea comúnmente aceptado por una sociedad para comprar y vender bienes y servicios.
Si bien debe cumplir con ciertas propiedades como:
Aceptabilidad, Divisibilidad, Intercambiabilidad, Unidad de Cuenta, Reserva de Valor, Escasez, Portabilidad, Durabilidad, y Fungibilidad.

Dividendos.
Dividendos son la parte de los beneficios que una compañía reparte entre sus accionistas. Los dividendos constituyen la principal vía de remuneración de los accionistas como propietarios de una sociedad.

Divisa y Moneda.
Coloquialmente se usan de un modo indistinto, sin embargo, moneda es la unidad física o de cuenta, y la divisa hace referencia al nombre genérico de las unidades monetaria de un país extranjero al de referencia local.
El nombre oficial de la divisa de China es el Renminbi, pero su unidad básica es el Yuan.

Dow Jones (Índice Bursátil)
Por lo general se refiere a: Promedio industrial Dow Jones, que es un índice bursátil formado por las 30 empresas con mayor capitalización bursátil en la Bolsa de Nueva York sin incluir empresas de transporte o servicios públicos.
Existen otros índices específicos bajo el mismo nombre:
Promedio Industrial Dow Jones, mencionado anteriormente.
Promedio de Utilidades Dow Jones: este refleja los títulos valores de las 15 mayores empresas de mercados como el gas o la electricidad.
Dow Jones Transportation Average (DJTA), incluye las 20 mayores empresas de transporte y distribución.

Dow Jones Composite Average (DJCA) índice que mide el desempeño de las acciones de 65 compañías miembros de cualquiera de estos tres índices principales anteriores.

Economía.
La economía es una ciencia social que estudia las leyes que rigen la producción, distribución y consumo de bienes y servicios del modo más eficaz para satisfacer las necesidades humanas.

Equity.
Equity de una empresa generalmente se conoce como patrimonio de los accionistas, que representa la cantidad de dinero que se devolvería a los mismos si todos los activos se liquidaran y se pagara toda la deuda de la empresa.
El tipo de financiamiento por 'equity' permite a la empresa recaudar fondos suficientes sin pedir préstamos ni contraer deudas.
La *financiación por 'equity'* implica la venta de las acciones de la empresa. Una parte de la propiedad de la empresa se entrega a los inversores a cambio de dinero en efectivo

ETF
Del inglés "Exchange-Traded Fund" o "Fondo Cotizado en Bolsa" en español.
Un ETF es un instrumento financiero que se negocia en bolsa y está diseñado para replicar el desempeño de un índice bursátil, una materia prima, un sector específico del mercado.
En un fondo de inversión usualmente un inversor no puede retirar su participación hasta una fecha prefijada, por el contrario, los ETF son fondos de inversión que se dividen en participaciones, en inglés "Shares"
Los inversores pueden comprar o vender participaciones de un ETF en la bolsa de igual manera que las acciones.

EURIBOR / LIBOR
Euro Interbank Offered Rate es el tipo de interés de referencia utilizado en el mercado interbancario europeo.

El Euribor se calcula a partir de la media de las tasas de interés *declaradas* por los bancos de la muestra. El cálculo se realiza diariamente para diferentes plazos, como 1 semana, 1 mes, 3 meses, 6 meses y 1 año.

El LIBOR es similar al Euribor: London InterBank Offered Rate (LIBOR) es la tasa bancaria diaria que se basa en los tipos de interés a la que los bancos británicos se prestan el dinero en el mercado mayorista interbancario.

Note que los bancos "declaran" el interés que cobran a otros bancos, pero realmente no están obligados a justificar documentalmente que realmente estén aplicando los porcentajes declarados.

Este detalle ha permitido en varias ocasiones que grandes bancos hayan falseado el índice de interés interbancario recibiendo sentencias condenatorias, pero con multas bastante benévolas.

Esquema Ponzi. (Fraude piramidal)

El esquema Ponzi es una operación fraudulenta de inversión que implica el pago de intereses a los inversores de su propio dinero invertido o del dinero de nuevos inversores.

Esta estafa consiste en un proceso en el que las ganancias que obtienen los primeros inversionistas son generadas gracias al dinero aportado por ellos mismos o por otros nuevos inversores que caen engañados por las promesas de obtener, en algunos casos, grandes beneficios. El sistema funciona solamente mientras crece la cantidad de nuevos inversores víctimas.

"Fíat" / Moneda fíat o fiduciaria.

Del latín "hágase".

Moneda que representa un valor que intrínsecamente no tiene.

Todas las divisas actuales son fíat.

El dinero fíat es dinero que no tiene valor por sí mismo y que tampoco está respaldado por reservas de metales preciosos de su emisor, su valor existe porque la Ley dice que tiene ese valor.

Fideicomiso.

Es un contrato por el cual una persona llamada fideicomitente destina ciertos bienes a un fin lícito determinado, encomendando la realización de ese fin a una institución fiduciaria que en determinado tiempo o una vez cumplida la condición impuesta por el otorgante del patrimonio, deberá entregar al beneficiario o fideicomisario determinado los frutos o productos que haya generado la actividad.

Los bienes cedidos al fideicomiso no corren el riesgo comercial del fiduciante (el que transmite la propiedad de los bienes) ni del fideicomisario (el propietario de los bienes fideicomitidos luego del vencimiento del plazo del contrato), puesto que el patrimonio que es objeto del fideicomiso no puede ser perseguido por los acreedores de ninguno de ellos, ni afectado por la quiebra de ambos o de alguno de ellos.

Fideicomiso (el que administra el patrimonio cedido) por extensión puede referirse a la propia persona o entidad que presta el servicio al fideicomitente (el que cede el patrimonio)

Fintech.

Acrónimo de Financial Technology. Es un término que se refiere a la aplicación de tecnologías de la información y la comunicación en la industria financiera, con el objetivo de mejorar y optimizar los servicios financieros. Las empresas Fintech utilizan tecnologías como la inteligencia artificial, el Big Data, la Blockchain y la automatización para ofrecer soluciones financieras más eficientes, convenientes y personalizadas.

Las empresas Fintech ofrecen una amplia gama de productos y servicios, que van desde aplicaciones de banca móvil, pagos electrónicos, préstamos en línea, gestión de inversiones, seguros, hasta soluciones de contabilidad y finanzas empresariales.

Las empresas Fintech han surgido como una alternativa a los servicios financieros tradicionales, y han sido capaces de proporcionar servicios transnacionales más eficientes y económicos que los bancos.

Fondo de Inversión.

Una forma de inversión que reúne el dinero de varios inversores para invertirlo en activos financieros, como acciones, bonos, bienes raíces u otros valores, con el objetivo de obtener ganancias.

Los fondos de inversión son administrados por gestores profesionales que toman decisiones de inversión en nombre de los inversores.

Cuando un inversor invierte en un fondo, está comprando una participación proporcional del fondo. Cada participación tiene un valor liquidativo que se calcula diariamente en función del valor de los activos subyacentes del fondo. Las ganancias o pérdidas que se generan en el fondo se distribuyen proporcionalmente entre los inversores al final de cada periodo de liquidación.

Hipoteca.

Es un préstamo a largo plazo utilizado para comprar una propiedad inmobiliaria, como una casa, un apartamento o un terreno. La hipoteca se utiliza para financiar la compra de la propiedad y se garantiza con la propia propiedad. Es decir, la propiedad es la garantía del préstamo, si el prestatario no cumple con los pagos acordados, el prestamista puede tomar posesión de la propiedad para recuperar su inversión.

Cada pago mensual incluye una porción del capital del préstamo y los intereses que se deben pagar sobre el capital pendiente, lo que significa que la porción de la cuota mensual por los intereses es más alta al principio del préstamo y disminuye a medida que se va amortizando el capital prestado.

Las hipotecas pueden ser con interés fijo o variable. En Europa se utiliza en Euribor a 1 Año como referencia.
Para las hipotecas a interés variable, el banco prestamista marcará un diferencial sobre el Euribor. Ejemplo un 1% sobre el Índice Euribor y las cuotas revisables según este índice cada 6 meses. Si el Euribor está en el 4% la tasa de interés de la hipoteca será el 5%.

Es muy importante entender que los intereses que se pagan son siempre sobre el capital aun por pagar, por tanto, cuanto mayor es la duración, más intereses se pagan, aunque las cuotas sean un poco menores.

Cálculo de una Hipoteca media en España en 2023.
Capital a Financiar: 200.000
Plazo: 30 Años
Interés fijo para el ejemplo: 5,5%
Cuota Mensual: 1.135,58 €
Importe Total pagado al finalizar: 408.808,80 €

Es decir, para los datos del ejemplo, el hipotecado habrá pagado más del doble del capital que financió.

Indicador Financiero.
Un indicador financiero es un dato numérico que proporciona información de una variable que sirve para medir, por ejemplo, la liquidez, la solvencia, el endeudamiento, la rentabilidad o simplemente el precio de un activo a lo largo de un periodo.
Existen muchas clases de indicadores, pero hay dos grandes categorías son los indicadores Adelantados, que permiten prever una situación antes de que ocurra, y Atrasados, que muestran la evolución pasada.
Los datos numéricos pueden emplearse para generar un gráfico.
La visualización de los datos por medio de gráficos ayuda a detectar patrones, tendencias, relaciones y estructuras de los datos.

Inflación.
Es la pérdida de valor adquisitivo del dinero.
La Inflación no es la subida generalizada de los precios.

La subida generalizada de los precios es la consecuencia, no la causa, y es siempre un evento monetario, motivado por la emisión de dinero.

Cuanto más dinero hay en circulación, para la una misma cantidad de bienes o servicios, menor es el valor del dinero, por lo cual hace falta más cantidad de dinero para comprar esos mismos bienes o servicios.

Interés / Interés Negativo.
En economía y finanzas, el interés se refiere a la cantidad adicional de dinero que se paga o se cobra por el uso de dinero prestado o invertido durante un período de tiempo determinado. Es esencialmente el costo del uso del dinero, y se expresa generalmente como un porcentaje del monto prestado o invertido.

Interés negativo: Término eufemístico para describir una situación anómala y aberrante, en la que los prestatarios, (que han tomado un préstamo) cobran intereses a los prestamistas (que otorgan el préstamo) por el uso del dinero prestado, en lugar de pagar intereses por el préstamo.
Esto significa que el prestamista recibe menos dinero del que originalmente prestó, en lugar de recibir el capital prestado más un monto adicional como intereses.

Los intereses negativos tienen consecuencias negativas para los ahorradores, que pierden dinero en lugar de ganar intereses por sus ahorros. También es perjudicial para las instituciones financieras que dependen de los ingresos por intereses para mantener sus negocios rentables. En general, el interés negativo es un fenómeno anómalo y generalmente se considera una medida de último recurso en la política económica.
El Banco Central Europeo (BCE) mantuvo los intereses negativos desde junio de 2014, cuando redujo su tasa de depósito a -0,10%. Luego disminuyo aún más la tasa de depósito a -0,50% en septiembre de 2019, y la mantuvo en negativo hasta Julio de 2022.

ISIN (Código)
El código ISIN (International Securities Identification Number) está desarrollado en el estándar internacional ISO 6166 y se utiliza para la identificación de valores mobiliarios. Es un código que identifica

únivocamente un valor mobiliario a nivel internacional y se usa en todos los mercados financieros del mundo, que lo han incorporado a sus procesos de liquidación y custodia.

Liquidez.
Es la facilidad y o la velocidad con la que se puede comprar o vender un activo sin afectar significativamente su precio.

Generalmente los títulos emitidos por el gobierno de los Estados Unidos son considerados los activos más líquidos de la economía, porque siempre hay muchos compradores y vendedores y las compraventas pueden ser muy rápidas.

En el otro extremo están los inmuebles con una liquidez muy pequeña, porque podría haber pocos compradores interesados en una propiedad inmobiliaria determinada, y estas compraventas requieren más tiempo para formalizarse.

Margin Call. (Llamada de Margen)
Es una solicitud por parte de un corredor o agente de bolsa para que un inversor aporte más capital a su cuenta de margen debido a que el valor de los activos mantenidos en la cuenta ha disminuido por debajo del margen mínimo requerido por la bolsa.

El margen es el dinero que un inversor presta a través de su corredor de bolsa para invertir en activos financieros.

Si el inversor no cumple con la solicitud de Margin Call, el corredor de bolsa tiene el derecho de cerrar las posiciones del inversor para recuperar el dinero prestado. La liquidación forzada puede resultar en grandes pérdidas para el inversor.

Masa Monetaria. M1, M2, M3.
Masa monetaria es al total de dinero en circulación dentro de una economía. Comúnmente se clasifica en tres grupos M1, M2 y M3.

M1: Es el dinero en circulación de mayor liquidez, es decir, el efectivo, billetes y monedas en manos del público y los depósitos bancarios a la vista, o aquellos que pueden ser retirados en cualquier momento.

M2: Incluye todo lo que comprende M1, además depósitos a plazo fijo, fondos de inversión del mercado monetario u otros fondos, pero de corto plazo.

M3: La masa monetaria M3 es la medida más amplia de la oferta monetaria, ya que incluye todo lo incluido en M2, más depósitos a largo plazo y otros instrumentos financieros como bonos del gobierno y deuda corporativa, pero de largo plazo.

Es decir, activos que requieren mucho más tiempo para poder ser liquidados en dinero efectivo, es decir activos menos líquidos.

M3 es útil para analizar la oferta monetaria a largo plazo y su impacto en la economía en general.

mBridge.

El proyecto "mBridge" del Banco de Pagos Internacionales (BPI o Banco Central de los Bancos Centrales) es una iniciativa que tiene como objetivo explorar y evaluar el potencial de la tecnología blockchain y las criptomonedas en los mercados financieros.

El proyecto mBridge se enfoca específicamente en el uso de la tecnología blockchain para la liquidación de transacciones interbancarias transfronterizas, lo que podría ofrecer ventajas significativas en términos de eficiencia, velocidad y costo en comparación con los métodos tradicionales de liquidación.

El proyecto mBridge está desarrollado por del Hub de Innovación Tecnológica del Banco de Pagos Internacionales.

Mercado Primario / Mercado Secundario.

El mercado primario es donde se emiten y venden *nuevos* valores o activos al público para recaudar capital.

El mercado secundario es donde los inversores compran y venden valores que ya han sido emitidos en el mercado primario.

En este mercado, los inversores compran y venden valores entre sí, sin la participación directa del emisor.

NASDAQ.

Es el acrónimo de National Association of Securities Dealers Automated Quotations, una bolsa de valores electrónica estadounidense donde se negocian principalmente acciones de empresas de tecnología y de otros sectores relacionados.

NASDAQ se divide en dos mercados principales: el NASDAQ Composite y el NASDAQ-100.
El NASDAQ Composite es un índice bursátil que incluye todas las empresas que cotizan en NASDAQ, mientras que el NASDAQ-100 es un índice bursátil que incluye las 100 empresas más grandes y negociadas en NASDAQ.

NASDAQ fue creada en 1971, y fue la primera bolsa de valores electrónica del mundo.

Oferta y Demanda.
Son los dos conceptos básicos que explican el funcionamiento de los mercados, donde la oferta representa la cantidad de un bien o servicio que los productores están dispuestos a vender a un determinado precio, y la demanda representa la cantidad de un bien o servicio que los consumidores están dispuestos a comprar a un determinado precio.

Si la oferta es mayor que la demanda, los precios tenderán a bajar, porque los vendedores deberán competir entre si bajando los precios para conseguir compradores, por el contrario, si la demanda es mayor que la oferta, serán los compradores los que deberán competir entre si ofreciendo un precio mayor para comprar los bienes o servicios ofertados, por lo que el precio tenderá a subir.

OPI.
Oferta Pública Inicial, es el proceso regulado mediante el cual una empresa privada ofrece por primera vez sus acciones al público en general para su venta en el mercado de valores. Es una forma de recaudar capital para la empresa y permitir que los inversores compren una participación en la propiedad de la empresa.

Overton. Ventana temporal de Overton.
La ventana de Overton es una teoría política que describe cómo en varias fases (o una ventana de tiempo) puede transformarse la opinión social para que una idea que, inicialmente resulta totalmente inaceptable, pueda finalmente y de manera progresiva ser introducida y aceptada por la sociedad.

PIB
Producto Interior Bruto, es el valor de todos los bienes y servicios finales producidos en un país o región durante un periodo de tiempo, habitualmente 1 año.

Proof of Work. "PoW" (Red Bitcoin)
Proof of Work es un mecanismo de consenso que utiliza la potencia de procesamiento de los mineros para asegurar la red de Bitcoin y garantizar la validez de las transacciones. Aunque es efectivo, consume mucha potencia de cálculo y por tanto mucha energía.

Proof of Work asegura la red de Bitcoin porque hace que sea muy difícil y costoso para un atacante modificar o falsificar las transacciones o los bloques. Para hacerlo, el atacante tendría que tener más poder de cómputo que el resto de los mineros, lo que implicaría una gran inversión de energía y dinero. Además, PoW incentiva a los mineros a seguir las reglas y mantener la integridad de la red, ya que reciben recompensas en BTC por este trabajo.

Quantitative Easing "QE"/ Quantitative Tightening. "QT"
Quantitative Easing (QE) es una forma de política monetaria expansiva que usan los bancos centrales para aumentar la oferta de dinero y estimular la economía. En QE, el banco central compra bonos del gobierno y otros instrumentos financieros, como valores respaldados por hipotecas, con dinero nuevo creado electrónicamente.

Quantitative Tightening (QT) es una herramienta de política monetaria contractiva que usan los bancos centrales para disminuir la cantidad de liquidez o dinero en la economía. QT es lo contrario de Quantitative Easing (QE). El banco central implementa QT vendiendo bonos del gobierno o dejándolos vencer y eliminándolos de sus balances de efectivo. El objetivo es aumentar las tasas de interés, desincentivar el crédito y la inversión, y controlar la inflación

Rating.
El Rating o Rating financiero es una calificación que indica el riesgo de crédito de una empresa, país o producto financiero. El rating lo realizan las agencias de calificación crediticia, que son entidades privadas que evalúan la solvencia y la capacidad de pago de los emisores de deuda.
El rating se expresa con una serie de letras y símbolos que van desde AAA (la máxima calidad crediticia) hasta D (el impago o default)

Registro Financiero.
Un registro financiero es un documento que detalla una transacción financiera de una empresa, como un recibo, un extracto bancario o una factura, estados de cuenta bancarios, comprobantes de pago, contratos, etc.
Los registros financieros son importantes porque proporcionan evidencia de las actividades comerciales de un negocio y sirven de base para la contabilidad financiera.

Renta Fija. / Renta Variable.
La renta fija es un tipo de inversión formada por todos los activos financieros en los que el emisor está obligado a realizar pagos en una cantidad y en un período de tiempo previamente establecidos. Es decir, el emisor garantiza la devolución del capital invertido y una cierta rentabilidad prefijada.
Los activos de Renta fija se pueden vender en el mercado secundario, sin esperar a su vencimiento, pero la oferta y demanda afectan a su precio. Por tanto, la renta fija solo tiene una rentabilidad "fija" si el activo se mantiene hasta su vencimiento.

Un ejemplo de activo financiero de renta fija son los bonos o títulos de deuda emitidos por gobiernos o empresas para financiar sus actividades.

La Renta Variable es un tipo de inversión que consiste en comprar activos financieros cuya rentabilidad no está garantizada ni conocida de antemano. La renta variable implica asumir un mayor riesgo que la renta fija, pero también ofrece la posibilidad de obtener mayores beneficios si el valor de los activos aumenta en el mercado. Los principales instrumentos de renta variable son las acciones o valores bursátiles.

Rentabilidad.
Es la cualidad de generar beneficios o ganancias, y se expresa en modo de porcentaje, o la relación entre los beneficios obtenidos y el capital invertido.

Respaldo.
El respaldo, en finanzas, es una garantía que se ofrece o se recibe para realizar una operación financiera.

Por ejemplo, en una hipoteca la garantía o respaldo financiero que se pone como aval es la propiedad inmobiliaria.

En el periodo del Patrón Oro, el respaldo de los billetes era una cierta cantidad de oro por la que podía intercambiarse el billete.

Retorno.
Se refiere a la ganancia, si el retorno es positivo, o pérdida, si el retorno es negativo, que se obtiene de una inversión, expresada como un porcentaje del capital invertido.

Russel 2000.
El Russell 2000 es un índice bursátil que mide el desempeño de las 2.000 empresas más pequeñas por capitalización de mercado que cotizan en bolsa en los Estados Unidos.

El Russell 2000 está compuesto por empresas más pequeñas, con una capitalización de mercado que oscila entre aproximadamente 300 millones de dólares y 2 mil millones de dólares.

S&P500.
Es un índice bursátil que refleja el desempeño de las 500 empresas más grandes y significativas del mercado de valores de los Estados Unidos. Es uno de los índices más utilizados en el mundo de las finanzas y es considerado como una medida representativa del rendimiento del mercado de valores de los Estados Unidos.
El S&P 500 es una medida ponderada de capitalización de mercado, lo que significa que las empresas más grandes tienen un mayor peso en el índice que las empresas más pequeñas.

SEC.
Securities and Exchange Commission. Es una agencia federal independiente de los Estados Unidos responsable de proteger a los inversores y mantener la integridad del mercado de valores del país.
Entre las funciones de la SEC se incluyen:
Proteger a los inversores, Regular el mercado de valores, Promover la transparencia.
La SEC también tiene la autoridad para hacer cumplir las leyes federales de valores y puede emprender acciones legales contra individuos y empresas que violen estas leyes.

Security.
Security es un término inglés que se usa para referirse a un activo financiero o valor que representa un derecho o una participación sobre un emisor, como una empresa, un gobierno o una institución financiera.
Los security pueden ser de renta fija o de renta variable, dependiendo de si ofrecen un rendimiento fijo o variable al inversor. Algunos ejemplos de security son las acciones, los bonos, las obligaciones, las letras, los certificados de depósito, los fondos de inversión o las participaciones de un fondo ETF.
Los security se negocian en los mercados de valores, donde se determina su precio y su rentabilidad.

Servicios Financieros Offshore.
O Servicios Financieros en el Extranjero, son servicios financieros proporcionados por empresas y entidades financieras ubicadas en

jurisdicciones extranjeras con el fin de aprovechar las ventajas fiscales, de privacidad y de regulación de esas jurisdicciones.

Estos servicios financieros suelen incluir banca, gestión de activos, seguros, inversión y otras operaciones financieras.

Las empresas y personas que utilizan servicios financieros offshore a menudo buscan reducir su carga fiscal o proteger sus activos de la confiscación o el litigio. Sin embargo, el uso de servicios financieros offshore también ha sido criticado por facilitar la evasión fiscal y el lavado de dinero.

Solvencia.

La Solvencia se refiere a la capacidad de una empresa o individuo para cumplir con sus obligaciones financieras a largo plazo, es decir, su capacidad de pagar todas sus deudas pendientes en el futuro.

La Solvencia no debe confundirse con la Liquidez, que se refiere a la capacidad de una empresa o individuo para cumplir con sus obligaciones financieras a corto plazo, es decir, para pagar sus deudas inmediatas.

Spread.

Es la diferencia entre dos precios, tasas de interés o rendimientos de diferentes instrumentos financieros.

En el mercado de divisas, el spread es la diferencia entre el precio de compra y el precio de venta de un par de divisas, el spread en este caso representa la ganancia del intermediario.

En el mercado de bonos, el spread es la diferencia entre el rendimiento de un bono y el rendimiento de otro bono con una calificación crediticia similar.

Swap.

Un swap es un contrato financiero por el que dos partes se comprometen a intercambiar flujos de dinero en el futuro según unas condiciones pactadas.

Los swaps pueden ser de tipo de interés, de tipo de cambio o de otros activos financieros.

Ejemplo, una empresa que tiene una tasa de interés fija en un préstamo puede acordar intercambiar flujos de dinero con otra empresa que tiene una tasa de interés variable en un préstamo similar.

Al hacerlo, la empresa puede convertir su tasa de interés fija en una tasa de interés variable, lo que puede proporcionar una mayor flexibilidad financiera y reducir el riesgo de tasas de interés.

Otro tipo común de swap es el swap de divisas.

Ejemplo, una empresa americana puede necesitar Euros, y una empresa europea Dólares, para sus respectivas actividades.

En lugar de recurrir a un cambio de divisas, podrían acordar un Swap sería el acuerdo por tiempo determinado, por el que la empresa europea envía Euros a la norteamericana, y esta Dólares a la Europea, según la tasa de cambio fijada al momento de iniciar el swap más un interés que tratará de anticiparse a los posibles cambios en la tasa de cambio Euro/Dólar.

Los swaps son instrumentos financieros complejos y deben ser utilizados con precaución. Es importante comprender completamente los riesgos y beneficios de un swap antes de entrar en uno.

Tasas de Interés. (De un Banco Central)

La tasa de interés de un banco central es una herramienta clave de política monetaria. Si un banco central desea estimular el crecimiento económico, puede reducir la tasa de interés, lo que hace que los préstamos sean más baratos y, por lo tanto, fomenta el gasto y la inversión.

Si el banco central desea enfriar la economía y controlar la inflación, puede aumentar la tasa de interés, lo que hace que los préstamos sean más costosos y desalienta el gasto, la inversión y al contraer el crédito se frena la creación de dinero generada por el crédito de los Bancos Comerciales.

Este proceso es explicado en el Capítulo 2.

Las tasas de interés de los bancos centrales también tienen un impacto en el valor de la moneda nacional. Si un banco central aumenta su tasa de interés, esto hace que su moneda sea más atractiva para los inversores extranjeros, ya que pueden obtener un mayor rendimiento en sus inversiones en esa moneda.

Cuando los Bancos Comerciales depositan el dinero que no han prestado en su Banco Central, este les pagará el interés prefijado por las tasas del propio Banco Central.

Las tasas de Interés prefijadas por los Bancos Centrales, no por el mercado, son el precio base del dinero que afecta a todos las demás tasas de interés.

Por ejemplo, el interés aplicado a las hipotecas estará basado en índice de interés interbancario EURIBOR, que a su vez estará condicionado por la tasa base del Banco Central.

Por poner un ejemplo:

Si el Banco Central Europeo marca una tasa del 3%, los bancos fijarán una tasa mayor, imaginemos un 4% que representa su beneficio, al prestar a otros bancos, lo que marcara el Euribor, y las hipotecas tendrán a su vez el interés marcado por Euribor más el diferencial que será el beneficio del Banco. Siguiendo con el ejemplo podría ser un 5%.

Si el Banco Central reduce las tasas hasta el 2% el Euribor probablemente seguiría esa bajada al 3%, y las hipotecas a interés variable bajarían al 4%

De esta manera las tasas de interés prefijadas por los Bancos Centrales son el precio base sobre el que luego el mercado fija todos los demás intereses aplicados en el mercado financiero.

Tasa de Cambio. (Cambio de Divisas).
El precio de una divisa expresado en otra divisa, es decir, la cantidad de unidades de una moneda que se necesitan para obtener una unidad de otra moneda.

Las tasas de cambio entre divisas deberían estar fijadas libremente por el mercado según la oferta y la demanda, sin embargo, los gobiernos y Bancos Centrales tratan de interferir para modificar según sus intereses el cambio de su divisa. Lo que suele generar efectos adversos y contraproducentes.

Token.
Son activos digitales que representan un valor o activo específico y se utilizan en el mundo de las criptomonedas y blockchain para varios propósitos, como representación de activos reales, la financiación colectiva y la especulación.
Los tokens son diferentes de Bitcoin, ya que están diseñados para representar un valor específico en lugar de ser utilizados como una forma de pago.

Valor Bursátil.
Puede referirse como sinónimo de Acción, consulte el primer término de este Glosario.
Valor Bursátil puede referirse al valor de una empresa representado por sus acciones cotizadas en la Bolsa.
Se calcularía multiplicando el precio actual, o en un momento dado, de una acción por el número total de acciones de esa empresa.

Short. Venta en Corto.
Un "short" en bolsa es una técnica de inversión que permite a los inversores apostar por la caída de un valor o índice. Esta técnica se usa para conseguir beneficio cuando el precio de las acciones baja, y es conocida como "venta en corto" o "posición corta".

Funciona de la siguiente manera.
Si un inversor cree que un valor o acción va a bajar de precio, puede pedir prestada cierta cantidad de esas acciones, pagando una cantidad, digamos a modo de "alquiler" o préstamo, al propietario, con la obligación de devolvérselas al vencimiento del contrato "short".
En cuanto el inversor recibe las acciones, las vende y espera a que bajen el precio.
Cuando el precio ha bajado, las recompra más baratas, y las devuelve al propietario que se las había prestado.

El beneficio será el porcentaje de caída menos el importe que tuvo que pagar por el "alquiler" o préstamo,

La técnica de Short es arriesgada y compleja y habitualmente se realiza con aplacamiento, lo que aumenta exponencialmente el riesgo.
El peor de los escenarios para un Short, es que las acciones que se esperaba que bajaran de precio, empiecen a subir, de modo que el vendedor en Short debe comprarlas cuanto antes, pues está obligado a devolverlas y ahora deberá comprarlas más caras.

Cuando una acción tiene muchos vendedores en Short pueden forzar a que esa acción baje de precio, pero si se da el caso contrario, y empiezan a subir de precio, todos los vendedores en Short se apresurarán a comprar cuanto antes, para poder devolver las acciones que pidieron prestadas para el Short, ya que al subir de precio les genera pérdidas al tener que recomprarlas más caras.

Si muchos vendedores en Short se lanzan a comprar las acciones que deben devolver, generará una subida acelerada del precio, creando una reacción en cadena atrapando a otros vendedores en corto, que también se verán obligados a comprar para mitigar las perdidas.
Generalmente este tipo de eventos son sumamente bruscos, y como decíamos se suelen realizar con apalancamiento, lo que suele derivar en liquidaciones forzadas de las posiciones con enormes pérdidas para los vendedores en Short.

Estos eventos de mercado se conocen como "**Short Squeeze**", o "Apretón de Cortos".

Stablecoin.
Una stablecoin es un tipo de criptomoneda que está vinculada a otro activo, como una moneda fiduciaria.
Por ejemplo, una unidad de una stablecoin puede ser igual a un dólar estadounidense.

La empresa emisora deberá poseer como respaldo una unidad de la moneda vinculada por cada unidad de criptomoneda emitida.

Algunas de las más conocidas son USDT o Theter, y USDC de la empresa Circle.

SWIFT.
Society for Worldwide Interbank Financial Telecommunications
Es una red global de mensajería financiera utilizada por bancos y otras instituciones financieras para intercambiar información y realizar transacciones financieras de manera segura y confiable.
La red SWIFT es propiedad de sus miembros y es administrada por la cooperativa SWIFT, con sede en Bélgica.

VIX. (Índice)
El índice VIX (CBOE Volatility Index) es un indicador de la volatilidad implícita de las Opciones de compra y venta del índice S&P 500, que se utiliza para medir las expectativas del mercado sobre la volatilidad futura del mercado de valores.
El índice VIX se considera una medida del "miedo" o la "ansiedad" del mercado y es comúnmente utilizado como una herramienta de gestión de riesgos para los inversores.

Volatilidad.
La volatilidad en bolsa se refiere a la medida de la magnitud y frecuencia de los cambios en el precio de un valor, índice o mercado.
Es decir, la volatilidad es una medida estadística que indica la cantidad de fluctuaciones y el volumen de estas, que experimenta un activo financiero en un período de tiempo determinado.